직원의 불만족을 줄여주는
노무관리 진단 기법

직원의 불만족을 줄여주는
노무관리 진단 기법

초판 1쇄 발행 2020년 10월 8일

지은이 정성훈
펴낸이 장길수
펴낸곳 지식과감성#
출판등록 제2012-000081호

디자인 박예은
편집 박예은, 윤혜성
교정 박놀빈
마케팅 고은빛

주소 서울시 금천구 벚꽃로298 대륭포스트타워6차 1212호
전화 070-4651-3730~4
팩스 070-4325-7006
이메일 ksbookup@naver.com
홈페이지 www.knsbookup.com

ISBN 979-11-6552-468-5(13320)
값 16,000원

ⓒ 정성훈 2020 Printed in Korea

잘못된 책은 구입하신 곳에서 바꾸어 드립니다.
이 책의 전부 또는 일부 내용을 재사용하려면 사전에 저작권자와 펴낸곳의 동의를 받아야 합니다.

이 도서의 국립중앙도서관 출판예정도서목록(CIP)은 서지정보유통지원시스템
홈페이지(http://seoji.nl.go.kr)와 국가자료공동목록시스템(http://www.nl.go.kr/kolisnet)에서
이용하실 수 있습니다. (CIP제어번호 : CIP2020040907)

홈페이지 바로가기

노무관리 및 노무관리 진단을 위한 실무 지침서

사람이 핵심 자원이다!

직원의 불만족을 줄여주는
노무관리 진단 기법

경영지도사 **정성훈** 지음

**근로기준법 해설, 개별적 근로관계 진단,
근로계약, 급여, 사대보험 이론과 실무**

전문서적을 접하기 전에 기본적인 노무관리 지식을 얻고자 한다면,
기업 내 필수적인 노무관리에 대한 방향과 지식,
그리고 업무 능력을 습득하고
노무관리의 궁극적인 목적을 알기 원한다면 고민없이 이 책을 선택하라!

펴내며…

필자는 얼마 전에 《지속가능경영을 위한 인사노무관리》라는 저서를 출간하였다. 이는 인사노무관리에 대한 전반적인 이론과 실무기법 등을 읽기 쉽게 집필한 것이다. 필자의 출간 경험과 서적에 대한 독자들의 반응을 반영하여 더욱 구체적이고 실무적인 정보를 전달하기 위한 주제를 탐색하던 중 인사노무관리의 밑바탕은 '노무관리'라는 것을 알리고자 본 저서를 집필하게 되었다. 노무관리에 관한 서적도 그동안 무수히 많은 것이 출간되었지만, 필자의 저서는 더욱 쉽게 읽을 수 있는 수필과도 같은 책이라고 자신 있게 말하고 싶다. 물론 노동관계법, 특히 근로기준법을 해설하는 개념에 가깝기 때문에 법률용어가 등장하는 것은 어찌할 수 없겠으나, 필자의 20년에 가까운 실무 경험과 총무, 사대보험, 급여대장, 근로계약 등 노무관리에 대한 실전 지식이 이 책에 모두 수록되어 있으면서도 그 표현이 독자들에게 쉬이 다가갈 수 있게끔 이해하기 수월한 표현으로 다듬는 노력을 다하였기 때문이다. 하지만, 독자들이 알아야 할 것이 있다. 적법한 노무관리는 노동관계법이 기준이 되는 것인데, 노동관계법이 아쉽게도 자주 개정된다는 것이다. 게다가 판례도 종종 기존과 다른 것이 나오기도 하기 때문에 동일한 사례라고 하더라도 현재의 기준과 맞는 것인지를 확인해야 한다는 번거로움도 있다. 또한, 이 책이 발행된 후에도 변경되는 것들이 충분히 존재할 수 있기 때문에 될 수 있으면 최신 정보의 습득을 위해 노력해달라는 것을 권유하고 싶다.

이 책의 목적 역시 단 하나이다. "실무자와 관리자 혹은 경영자에게 기업의 내부환경, 특히 근로환경에 대한 진단을 실행할 수 있는 능력을 습득"하게끔 하는 것이다. 그렇기 때문에 노동관계법에 수록된 법률용어에 대한 정의 중 일부를 필자의 개인 경험을 통해 습득한 표현들로 가공하였다는 것을 전한다. 전문용어 및 법률상 정의와는 차이가 있을 수 있겠지만, 그러한 것들을 더욱 쉽게 이해하고 실무에 적용할 수 있도록 하기 위함이라고 생각해주기 바란다. 또한, 대다수 중소기업이 개별적 근로관계에 대한 관리의 어려움을 호소하는 현실을 반영하여 집단적 노사관계에 관한 내용은 과감히 생략하였음을 밝혀둔다. 또한, 고용노동부에서 배포한 자료 중 노무관리에 필수적으로 필요한 몇 가지를 부록으로 실어두었기 때문에 실무에 더욱 쉽게 활용할 수 있을 것이다.

이 책을 통해 노무관리에 대한 기본적인 지식을 습득한 후 전문서적을 접하게 된다면, 더욱 손쉽게 노무관리에 대한 전문지식을 습득할 수 있을 것이다. 또한, 기업 내 필수적인 노무관리에 대한 방향과 지식 그리고 업무 능력을 습득하고 노무관리에 대한 궁극적인 목적이 무엇인지 느낄 수 있길 바란다.

집필하는 동안 하늘나라에서 새로운 삶을 시작하신
어머니께 이 책을 바칩니다.

2020년 7월의 어느 날 사무실에서…

아들 정성훈 드림

목차

펴내며… 4

1 노무관리란 무엇인가 8
2 노무관리의 핵심 성공 요인 11
3 「근로기준법」해설 14
4 근로계약 148
5 임금대장 158
6 사대보험 162
7 취업규칙 182
8 노사협의회 190
9 노무관리 진단이란 (체크 리스트) 206
10 자율점검 (고용노동부 기준) 218
11 노무관리 주요 상담 사례 239

마치며… 260

| 부록 |

1 임금대장 266
2 근로자 명부 267
3 표준근로계약서 268
4 노사협의회 회의록 289
5 고충사항 접수·처리대장 290
6 법정의무교육 실시대장 291

1. 노무관리란 무엇인가

노무관리는 현실에서 인사관리와 많은 부분을 공유하고 있다. 실무에서는 인사관리, 노무관리, 인사노무관리 등 혼용해서 불리기도 한다. 하지만 엄밀히 말하자면 인사관리와는 다른 개념이다. 여러 가지 정의가 있지만, 필자는 노무관리란 '노동법률을 준수하여 기업 내부 근로자를 관리하는 과정에서 위법성을 배제하기 위한 관리'라고 정의하고자 한다. 기업에서 모든 자원을 관리하는 과정에는 크게 두 가지 관점이 있기 때문이다. 하나는 기업의 의사결정이 국가에서 규정한 여러 가지 법률적인 문제에 저촉이 되는가에 대한 것이고, 또 다른 하나는 법률적인 규제와 상관없이 기업이 자유롭게 의사결정을 하고 이를 실행할 수 있는가에 대한 것이다. 회계적인 측면에서 세무회계와 재무회계 정도로 구분하는 것 역시 비슷한 맥락이다.

그렇다면 인사관리란 무엇인가. 앞서 필자가 구분한 두 가지 관점을 대입해 본다면, 노동관계법률과 상관없이(정확히는 위법성 없이) 기업에 소속되어 있는 근로자들에 대한 자유로운 의사결정을 실행할 수 있는 범위에 해당하는 것이라 할 수 있겠다. 즉 노동관계법률에서 정한 내용보다 유리한 것에 대한 의사결정 혹은 법에서 규정하기 어려운 것들에 대한 처우를 결정하는 것이 바로 인사관리인 것이다. 필자는 이를 근로자의 '사기를 향상'시키는 방안이라고 설명한다.

다시 말해, 노무관리란 노동관계법률의 준수로 정의할 수 있고, 인사관리란 노동관계법률에서 규정한 근로조건 그 이상의 가치를 근로자들에게 부여하여 근로자로 하여금 기업의 목표달성 또는 지속가능을 위해 스스로 견인하게 할 수 있는 원동력을 제공하는 것이라 정의할 수 있다.

기업에서 준수하여야 할 노동관계법은 다음과 같다. 근로기준법, 최저임금법, 근로자퇴직급여 보장법, 남녀고용평등과 일·가정 양립 지원에 관한 법률, 기간제 및 단시간근로자 보호 등에 관한 법률, 파견근로자보호 등에 관한 법률, (노동조합이 있거나 노동조합의 조합원이 있는 경우) 노동조합 및 노동관계 조정법, 근로자참여 및 협력증진에 관한 법률, 산업안전보건법, 산업재해보상보험법, 고용보험법, 고용보험 및 산업재해보상보험의 보험료징수 등에 관한 법률, 고용상 연령차별금지 및 고령자 고용촉진에 관한 법률, 외국인근로자의 고용 등에 관한 법률, 근로자복지기본법, 국민건강보험법, 국민연금법 등이 있다.

노동관계법률이 생각보다 많다는 사실에 부담을 느낄 수도 있을 것이다. 현실적으로 위에서 열거한 모든 법을 담당자 또는 경영자가 정확히 알고 실무에 적용하기란 사실상 불가능하다. 그렇다면 나름의 우선순위를 설정해서 조금씩 확인해 나가는 방법을 찾아볼 수 있을 것이고, 아니면 전문가의 도움을 받아 실무에 하나씩 적용해 보는 방법도 있을 것이다.

필자는 이 책을 통해 앞으로 위에서 열거한 노동관계법률 중 기업에서 스스로 습득하고 적용할 수 있는 내용들에 대해서 설명해 보고자 한다. 모든 내용을 책 한 권으로 다루긴 어렵겠지만, 될 수 있으면 핵심적인 내용들을 정리하여 독자들이 조금이라도 편하게 습득하고 적용할 수 있도록 서술해 보겠다. 단, 효율적인 측면을 감안하여 집단적 노사관계에 관한 내용 및 진단은 생략한다. 현재 우리나라의 노동조합 조직률을 2018년도 기준 11.8% 정도일 뿐이며, 이 역시 대규모 기업과 산업에 속한 비율이 대다수이며, 실제 중소기업의 노동조합 조직률은 그에 한참 못 미치고 있기 때문이다.

2. 노무관리의 핵심 성공 요인

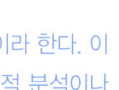

※ 참고 : Critical Success Factor를 CSF, 즉 핵심 성공 요인이라 한다. 이는 목표성취를 위한 필수적인 요소를 뜻하는 용어이다. 전략적 분석이나 핵심 성공 요인 접근에서는 조직의 정보 요구사항이 소수의 핵심 성공 요인으로 결정된다고 강조한다. CSF는 핵심성과지표를 가능하게 하는 요인이라고 한다.

※ 참고 : 핵심성과지표(KPI: Key Performance Indicator)란 목표를 성공적으로 달성하기 위해 핵심적으로 관리해야 하는 요소들에 대한 성과지표를 말한다. KPI를 도출하고 활용하는 궁극적인 목적은 기업의 목표달성을 위해 종업원들에 대한 동기를 부여하는 데 있다. 따라서 KPI를 도출할 때 가장 중요하게 고려해야 할 원칙은 KPI 활용을 통한 종업원들의 동기부여 여부라 하겠다. 바람직하지 못한 KPI를 활용하는 경우에는 종업원들의 사고와 행동의 초점을 잘못된 방향으로 이끌게 되며, 이는 궁극적으로 구성원들의 의욕저하를 초래하고 기업 전체의 성과를 저하시키는 결과를 도출하게 되기 때문이다. 이러한 KPI는 평가의 어려움을 최소화시키기 위해 방향이 분명하고 가급적 단순해야 하며, 팀의 전략과 시장상황에 적절히 대응할 수 있는 유연성을 내포하고 있어야 한다.

필자는 앞에서 노무관리는 바로 노동관계법의 준수라고 하였다. 특히, 「근로기준법」은 기업의 노무관리에 직결되는 것이다. 결국, 노무관리의 핵심 성공 요인은 바로 노동관계법령을 올바르게 이해하고 이를 어느 정도 준수하고 있는가에 달려 있다고 할 수 있는 것이다. ─사실은 모두 준수해야 한다.─ 아무리 좋은 인사제도라고 하더라도 노동관계법령에 비추어 위법한 내용이 있다면, 그 제도는 더 이상 아무런 의미가 없기 때문이다. 하지만 기업의 경영자나 인사노무 담당자, 혹은 관리자가 노동관계법을 모두 이해하려면 많은 시간과 노력이 들게 된다는 것에 문제가 있다. 물론 기업에서 변호사나 공인노무사, 경영지도사와 같은 전문가를 고용하여 관련 업무를 담당케 한다면 더할 나위 없이 좋겠지만 기업의 규모나 비용적인 측면에서 볼 때 수월치 않은 방안이 될 것임이 분명하다.

더욱이 일반적인 중소기업은 노무관리와 인사관리를 구분해서 관리할 수 있는 상황도 아니고, 대부분 한두 명의 관리자가 회계와 인사노무를 함께 담당하고 있는 형편이기에 사실상 불가능에 가까울 것이다.

그렇다고 이를 외주화한다는 것은 더욱 위험할 수 있다. 기업의 의사결정은 되도록 기업 내부에서 스스로 해야 할 일이다. 그 결정 권한 자체를 외부에 위임한다는 것은 결국 경영을 포기하는 것이나 다름없기 때문이다.

결국, 기업은 스스로 의사결정을 하기 위한 어느 정도의 판단능력을 보유하고 있어야 하는데, 그러려면 노무관리에 관한 전반적인 지식도 중요하겠지만 최소한의 지식은 보유하고 있어야 할 것이다. 그래야지만 외부 전문가 혹은 유관기관과의 의사소통에 문제가 없을 것이기 때문이다. 즉 기업의 노무담당자는 최소한도의 「근로기준법」에 대한 지식은 반드시 보유하고 있어야 한다. 필자는 이를 노무관리의 핵심 성공 요인이라 칭한다.

3.「근로기준법」해설

아래에서는 노무관리의 핵심인「근로기준법」각각의 조문과 그에 대한 설명을 가급적 받아들이기 수월한 표현으로 다뤄보도록 하겠다. 필요시「근로기준법」이 아닌 다른 법조문에 대해선 별도로 기재할 것이니, 별다른 언급이 없다면 모두「근로기준법」(이하 '근기법'이라 함)의 내용인 것으로 받아들이기 바란다.

제1장 총칙

제1조(목적) 이 법은 헌법에 따라 근로조건의 기준을 정함으로써 근로자의 기본적 생활을 보장, 향상시키며 균형 있는 국민경제의 발전을 꾀하는 것을 목적으로 한다.

※ 참고 :「헌법」제32조

① 모든 국민은 근로의 권리를 가진다. 국가는 사회적·경제적 방법으로 근로자의 고용의 증진과 적정임금의 보장에 노력하여야 하며, 법률이 정하는 바에 의하여 최저임금제를 시행하여야 한다.
② 모든 국민은 근로의 의무를 진다. 국가는 근로의 의무의 내용과 조건을 민주주의원칙에 따라 법률로 정한다.
③ 근로조건의 기준은 인간의 존엄성을 보장하도록 법률로 정한다.

④ 여자의 근로는 특별한 보호를 받으며, 고용·임금 및 근로조건에 있어서 부당한 차별을 받지 아니한다.
⑤ 연소자의 근로는 특별한 보호를 받는다.
⑥ 국가유공자·상이군경 및 전몰군경의 유가족은 법률이 정하는 바에 의하여 우선적으로 근로의 기회를 부여받는다.

☞ 조문해설 : 근기법은 「헌법」 제32조에 의거 제정된 법률이다. 근로의 권리를 실현하기 위한 국가의 노력과 최저임금법 그리고 근로의 의무 등을 법으로 규정한 것이다. 즉 근기법의 목적과 방향을 '헌법에 따른 근로조건의 기준'을 정하기 위함이라고 선언하고 있는 것이다.

※ 근로기준법의 성격 : 근기법은 개별근로자와 사용자 간의 근로관계를 규율하고 있는 것이기 때문에 법률관계의 성질상 공법관계가 아닌 사법관계라 할 수 있다. 하지만 근기법은 근로자를 보호하는 법으로서 사용자에게 의무를 부과하는 것이라는 측면에서는 사법이 아니라 공법에 속한다. 다시 말해 근기법은 사용자에 대하여 의무를 설정하는 것뿐만 아니라, 사용자에 대한 근로자의 권리를 설정한 것이다. 이러한 근기법은 강행법규이기 때문에 사용자가 이를 위반할 수 없음은 물론이며, 이를 위반하는 경우에는 각각의 규정에 따라 처벌을 받게 된다. 즉 사용자가 근로기준법을 위반하게 되면 형사법적인 측면에서는 처벌을 받게 되고, 이와 동시에 민사법적인 측면에서는 임금 지급 등에 대한 의무를

이행해야 할 책임이 발생하게 되는 것이다. 아울러 근기법의 내용을 적용하거나 해석할 때에는 형식적인 것에 대한 부분도 중요하겠지만, 무엇보다 중요한 것은 사실관계에 있다. 즉 형식적으로 제3자와 근로계약을 체결하였다 하더라도, 실질적으로 당사자 간의 근로계약이고 이러한 것이 묵시적으로 인정되고 있는 경우에는 형식적인 제3자와의 근로계약을 기준으로 해석하는 것이 아니라 실질적인 당사자 간의 묵시적인 근로계약을 기준으로 해석하게 된다는 것이다. 이는 근로계약의 형태 및 내용 등에 대해서도 동일하게 적용된다.

제2조(정의)
① 이 법에서 사용하는 용어의 뜻은 다음과 같다.
　1. "근로자"란 직업의 종류와 관계없이 임금을 목적으로 사업이나 사업장에 근로를 제공하는 자를 말한다.
　2. "사용자"란 사업주 또는 사업 경영 담당자, 그 밖에 근로자에 관한 사항에 대하여 사업주를 위하여 행위하는 자를 말한다.
　3. "근로"란 정신노동과 육체노동을 말한다.
　4. "근로계약"이란 근로자가 사용자에게 근로를 제공하고 사용자는 이에 대하여 임금을 지급하는 것을 목적으로 체결된 계약을 말한다.
　5. "임금"이란 사용자가 근로의 대가로 근로자에게 임금, 봉급, 그 밖에 어떠한 명칭으로든지 지급하는 일체의 금품을 말한다.
　6. "평균임금"이란 이를 산정하여야 할 사유가 발생한 날 이전 3개월

동안에 그 근로자에게 지급된 임금의 총액을 그 기간의 총일수로 나눈 금액을 말한다. 근로자가 취업한 후 3개월 미만인 경우도 이에 준한다.

7. "1주"란 휴일을 포함한 7일을 말한다.
8. "소정(所定)근로시간"이란 제50조, 제69조 본문 또는 「산업안전보건법」 제139조제1항에 따른 근로시간의 범위에서 근로자와 사용자 사이에 정한 근로시간을 말한다.
9. "단시간근로자"란 1주 동안의 소정근로시간이 그 사업장에서 같은 종류의 업무에 종사하는 통상 근로자의 1주 동안의 소정근로시간에 비하여 짧은 근로자를 말한다.

② 제1항제6호에 따라 산출된 금액이 그 근로자의 통상임금보다 적으면 그 통상임금액을 평균임금으로 한다.

[시행일] 제2조제1항의 개정규정은 다음 각 호의 구분에 따른 날부터 시행한다.

1. 상시 300명 이상의 근로자를 사용하는 사업 또는 사업장, 「공공기관의 운영에 관한 법률」 제4조에 따른 공공기관, 「지방공기업법」 제49조 및 같은 법 제76조에 따른 지방공사 및 지방공단, 국가·지방자치단체 또는 정부투자기관이 자본금의 2분의 1 이상을 출자하거나 기본재산의 2분의 1 이상을 출연한 기관·단체와 그 기관·단체가 자본금의 2분의 1 이상을 출자하거나 기본재산의 2분의 1 이상을 출연한 기관·단체, 국가 및 지방자치단체의 기관:

2018년 7월 1일(제59조의 개정규정에 따라 근로시간 및 휴게시간의 특례를 적용받지 아니하게 되는 업종의 경우 2019년 7월 1일)
2. 상시 50명 이상 300명 미만의 근로자를 사용하는 사업 또는 사업장: 2020년 1월 1일
3. 상시 5명 이상 50명 미만의 근로자를 사용하는 사업 또는 사업장: 2021년 7월 1일

☞ 조문해설 : 근기법 제2조에서는 이 법에서 사용하고 있는 주된 용어와 개념에 대한 정의를 설명하고 있다. 즉 근기법이 적용되는 곳에서 사용하는 표현은 반드시 이와 같은 뜻을 담고 있다는 것임을 숙지해야 한다는 것이다. 단적으로 설명하자면 사회적이거나 개인적으로 혹은 특정 분야에서 어떠한 의미를 담고 있는 표현이 있다고 하더라도, 법에서는 그 법에서 정의한 내용을 기준으로 해석하기 때문에, 법적인 정의를 모르고 사용했거나 잘못 해석하여 활용했더라도 법원에서는 이를 인정하지 않고, 법률에서 정한 정의대로 해석한다는 것이다. 결국, '몰라서 이렇게 했다.'라는 것은 인정받지 못한다는 것이다. 예를 들어 근기법에서의 근로자와 「국민건강보험법」에서의 근로자는 비슷한 듯하지만 사실상 같은 개념이 아니다. 「국민건강보험법」 제3조 (정의) 제1호에서는 ㅡ"근로자"란 직업의 종류와 관계없이 근로의 대가로 보수를 받아 생활하는 사람(법인의 이사와 그 밖의 임원을 포함한다)으로서 공무원 및 교직원

을 제외한 사람을 말한다.— 라고 규정하고 있다)

근기법 제2조 제1호에서는 근로자에 대한 정의를 규정하고 있다. 이를 설명하자면, "직업의 종류와 관계없이", "임금을 목적으로", "사업이나 사업장에 근로를 제공"하는 자로 구분할 수 있다. 먼저, "직업의 종류와 관계없이"란 직업에 대한 차별, 차등, 차이와 무관하게 어떠한 일을 하든지 평등하게 바라보겠다는 의미가 담겨 있으며, "임금을 목적으로"란 근기법 제2조의 "임금"을 목적으로 종사하는 자를 말하고, "사업이나 사업장에 근로를 제공하는 자"란 목적성이 있는 사업에 소속되어 그 사업으로부터 지휘·감독을 받으며 일하는 자를 말한다. 특히, "사업이나 사업장에 근로를 제공하는 자"와 대비되는 가장 대표적인 예가 가사사용인이라 할 수 있다. 가사사용인이란 "사업이나 사업장"이 아닌 가정집 혹은 개인에게 고용되어 지극히 사적인 일을 위해 직무를 수행하는 사람을 말하며 주로 가정부, 개인 운전기사, 집사 등을 칭하는 표현이다.

※ 용어설명
1. 사업 : 어떤 일을 일정한 목적과 계획을 가지고 짜임새 있게 지속적으로 경영함. 또는 그 일.
2. 가사사용인 : 가정에서 가사 일반을 보조하기 위해서 고용되어 일하는 사람.

사용자에 대한 정의 역시 근로자의 정의와 마찬가지로 구체적으로 규정하고 있다. "사업주", "사업 경영 담당자", "그 밖에 근로자에 관한 사항에 대하여 사업주를 위하여 행위하는 자"를 사용자라고 칭한다. "사업주"란 말 그대로 그 사업의 주인인 경영의 주체를 의미하는 것으로, 개인회사의 경우에는 대표자 개인을, 법인회사의 경우에는 법인 그 자체를 의미한다. "사업 경영 담당자"란 그 사업에서 경영권을 보유하고 있는 사람을 칭하는 것으로, 개인회사의 경우에는 대표자 개인 또는 대표자로부터 경영권을 위임받은 개인을, 법인회사의 경우에는 그 법인의 대표이사 또는 법인으로부터 경영권을 위임받은 개인을 의미한다. "그 밖에 근로자에 관한 사항에 대하여 사업주를 위하여 행위하는 자"란 그 사업에서의 인사부서장 내지는 인사담당자 등을 말한다. ─인사부서장과 인사담당자 등은 근로자와의 관계에서는 사용자가 되지만, 그 기업의 대표자와의 관계에서는 근로자의 지위를 가진다. 이를 사용자 개념의 상대성이라 한다.─

근로란 정신노동과 육체노동을 의미한다고 규정되어 있다. 실무상 특별한 의미가 있다고 볼만한 내용은 아닐 수도 있으나, 그저 노동의 종류에 대해 평등한 시각에서 바라보겠다는 의미로 받아들이면 될 것이다.

근로계약이란 ─나중에 설명하게 될 "근로계약서"를 통해 구체적으로 실현되는─ 근로관계에 관한 내용을 담은 계약을 말한다. 이를 근기법에서는 "근로자가 사용자에게 근로를 제공"하고, 사용자는 이에 대하여 "임금을 지급"하는 것을 목적으로 체결된 계약을 말한다고 규정하고 있다. 즉, 근로자는 정신적 노동이나 육체적 노동을 '사용자의 사업을 위해서' 제공하고, 사용자는 그에 대한 보상으로서 '돈'을 지급하기 위해 체결된 것을 근로계약이라고 하는 것이다. 다시 말해 근로계약이란, 근로자가 자신의 생활을 위해 필요한 돈을 벌기 위해서 타인의 사업에 귀속되어 자신의 노동력을 제공하고, 사용자는 자신의 사업 지속과 목표 달성 및 이윤추구 등을 위해 근로자에게 노동력을 제공받기 위해 돈을 지급하는 것을 의미한다.

임금에 대해선 여러 가지 학설과 판례 등이 존재하지만, 실무에서는 단순하게 위 근로계약을 통해 제공하는 노동력의 반대급부인 '돈'을 의미한다고 봐도 될 것이다. 그렇다고 현금이 아닌 현물(예, 기프트 카드, 기업의 생산 물품 등)은 임금이 아니라고 단정할 수는 없을 것이다. 어쨌거나 임금은 근로의 대가로 지급하는 "일체의 금품"이기 때문이다. ―이 책에서는 현물에 대한 내용은 다루지 않는다.―

평균임금을 설명하기 위해선 통상임금의 개념도 함께 언급해야 할 필요가 있다.

※ 관련법령 - 「근로기준법」 시행령

제6조(통상임금)

① 법과 이 영에서 "통상임금"이란 근로자에게 정기적이고 일률적으로 소정(所定)근로 또는 총 근로에 대하여 지급하기로 정한 시간급 금액, 일급 금액, 주급 금액, 월급 금액 또는 도급 금액을 말한다.

② 제1항에 따른 통상임금을 시간급 금액으로 산정할 경우에는 다음 각 호의 방법에 따라 산정된 금액으로 한다.

1. 시간급 금액으로 정한 임금은 그 금액

2. 일급 금액으로 정한 임금은 그 금액을 1일의 소정근로시간 수로 나눈 금액

3. 주급 금액으로 정한 임금은 그 금액을 1주의 통상임금 산정 기준 시간 수(1주의 소정근로시간과 소정근로시간 외에 유급으로 처리되는 시간을 합산한 시간)로 나눈 금액

4. 월급 금액으로 정한 임금은 그 금액을 월의 통상임금 산정 기준시간 수(1주의 통상임금 산정 기준시간 수에 1년 동안의 평균 주의 수를 곱한 시간을 12로 나눈 시간)로 나눈 금액

5. 일·주·월 외의 일정한 기간으로 정한 임금은 제2호부터 제4호까지의 규정에 준하여 산정된 금액

6. 도급 금액으로 정한 임금은 그 임금 산정 기간에서 도급제에 따라 계산된 임금의 총액을 해당 임금 산정 기간(임금 마감일이 있는 경우에는 임금 마감 기간을 말한다)의 총 근로 시간 수로 나눈 금액

7. 근로자가 받는 임금이 제1호부터 제6호까지의 규정에서 정한 둘 이상의 임금으로 되어 있는 경우에는 제1호부터 제6호까지의 규정에 따라 각각 산정된 금액을 합산한 금액

③ 제1항에 따른 통상임금을 일급 금액으로 산정할 때에는 제2항에 따른 시간급 금액에 1일의 소정근로시간 수를 곱하여 계산한다.

☞ 조문해설 : 위와 같이 통상임금의 정의는 다소 복잡해 보이지만 간단히 정리하자면, "사용자와 근로자가 사전에 약속한 소정근로시간 (일일 8시간, 주 40시간) 이내의 근로시간에 대해 지급을 약속한 임금" 정도로 표현할 수 있다. 즉 근로관계 당사자가 소정근로시간 이내의 근로시간에 대해 지급을 약속한 것을 통상임금이라 표현할 수 있는 것이다.

판례에 따르면 통상임금은 사용자가 근로자에게 정기적·일률적·고정적으로 지급하기로 정한 임금이다. 평균임금이 사후적 개념인 것에 반해 통상임금은 사전적인 개념이다. 즉 통상임금은 소정근로에 대하여 지급하기로 사전에 약정한 금액을 의미하는 것이다. 소정근로에 대한 것이기 때문에 근기법상의 연장, 야간, 휴일근로수당 등 법정수당은 제외되며 더욱 정확히 표현하자면 법정수당이 포함될 수 있는 여지 자체가 없는 것이다. ─법정수당은 사후에 실제로 발생한 추가적인 근로에 대해서 지급하는 것이기 때문이다.─ 다시 말해 일일 8시간, 한주 40시간 한도 내의 근로시간에 대하여 사용자가 근로자에게 지급하기로 사전

에 정한 금액을 통상임금이라고 한다. 또한, 평균임금이 일급의 개념인데 비해, 통상임금은 사전에 일급 또는 주급이나 월급으로 선택하여 결정할 수 있다.

통상임금을 기준으로 산정해야 할 것으로는 산전후휴가급여, 해고예고수당, 연장·야간·휴일근로수당 등 법정수당이 있으며, 연차유급휴가수당의 경우에는 평균임금과 통상임금 중 사용자가 선택하여 일률적으로 적용할 수 있다.

통상임금의 대표적인 것으로는, 기본급은 물론이며 사용자가 근로자들에게 정기적·고정적·일률적으로 지급하는, 예를 들면 일정 요건에 해당하는 근로자들에게 지급하는 기술수당, 근속수당 등이 있다. 다만, 성과급이나 상여금의 경우에는 그 지급방식이나 지급기준에 따라 차이가 있고 견해도 다양하며, 최근 대법원 판례를 통해 통상임금 기준에 대한 문제점이 드러나게 되었다. 이 때문에 기업에서 충분한 검토 없이 임금 구성항목을 설정하는 경우 오히려 독이 될 수도 있으므로 회사의 특성을 담아 신중히 결정해야 한다. 또한, 사회적으로도 여러 가지 논란을 일으킬 수 있기에 통상임금의 정의 내지는 범위에 관한 법률 규정은 반드시 개정되길 희망한다.

통상임금과 반대로 사후적인 개념인 평균임금이란 것이 있다. 말 그대로 임금에 대한 평균을 의미하는 것이다. 다만, 전체 근속기간에 대한 평균을 의미하는 것이 아니라, 산정 사유 발생일 이전 3개월간의 총임금을 그 기간의 일수로 나눈 일당의 개념이며, 연장근로 및 야간근로, 휴일근로, 결근에 대한 감액 등을 모두 반영하여 실제 지급한 임금총액을 기준으로 산정하는 것이다. ―상여금이 존재하는 기업은 연간 상여금을 3개월분으로 평균한 후 이전 3개월간의 총임금에 합산한다.―

여기서 산정 사유 발생일이란 평균임금을 기준으로 무엇인가를 지급해야 할 이유가 발생한 날을 의미하는 것으로, 퇴직이 대표적이다. 참고로 퇴직일이란 보통 마지막 출근일을 표현하지만, 산정 사유 발생일은 일반적으로 마지막 출근일이 아닌 그다음 날을 의미한다. ―4대 사회보험에서는 마지막 출근일 다음 날을 상실일이라고 표현한다.― 기업마다 퇴직일의 의미가 다를 수도 있겠지만, 퇴직에서의 산정사유 발생일은 사용자가 근로자에게 마지막으로 임금을 산정하여 지급하는 다음 날을 의미한다. 즉 사용자가 근로자에게 지급할 임금을 계산하지 않아도 되는 첫 번째 날을 말한다. 근로관계가 종료되는 날인 마지막 출근일까지는 당연히 임금을 지급해야 하므로 ―마지막 출근일의 성격은 논외로 함― 그날을 산정 사유 발생일로 혼동하게 되면 평균임금이 미비하게 달라지기 때문에 주의해야 한다.

예를 들어, 12월 31일까지 근무하고 퇴직한 경우라면, 산정 사유 발생일은 1월 1일이 되며, 산정사유 발생일 이전 3개월은 10월 1일부터 12월 31일까지이며, 이 기간에 대한 총임금을 기준으로, 해당 기간의 총 일수인 92일로 나눈 금액이 바로 평균임금이 되는 것이다. 단, 몇 가지 예외사항이 있는데 ① 근로자가 취업한 후 3개월이 지나지 않은 경우에는 취업한 날로부터 산정 사유 발생일 이전의 기간과 총임금액을 기준으로 평균임금을 산정한다는 것과 ② 산정된 평균임금이 그 근로자의 통상임금보다 저액인 경우에는 그 통상임금을 평균임금으로 한다는 것이다. 특히 두 번째의 경우에는 평균임금의 저하로 인한 근로자의 불이익을 방지하려는 취지가 담겨 있다.

기타 평균임금의 산정이 필요한 것으로는 휴업수당과 감급의 제한 및 퇴직금, 재해보상금 등이 있으며 연차유급휴가수당의 경우에는 평균임금과 통상임금 중 사용자가 선택하여 일률적으로 결정할 수 있다.

통상임금과 평균임금 그리고 알아두어야 할 개념이 바로 최저임금이다.

※ 참고 : 최저임금「최저임금법」
제1조(목적)
이 법은 근로자에 대하여 임금의 최저수준을 보장하여 근로자의 생활안정과 노동력의 질적 향상을 꾀함으로써 국민경제의 건전한 발전에 이바지하는 것을 목적으로 한다.

제2조(정의)

이 법에서 "근로자", "사용자" 및 "임금"이란 「근로기준법」 제2조에 따른 근로자, 사용자 및 임금을 말한다.

제3조(적용 범위)

① 이 법은 근로자를 사용하는 모든 사업 또는 사업장(이하 "사업"이라 한다)에 적용한다. 다만, 동거하는 친족만을 사용하는 사업과 가사사용인에게는 적용하지 아니한다.

② 이 법은 「선원법」의 적용을 받는 선원과 선원을 사용하는 선박의 소유자에게는 적용하지 아니한다.

☞ 조문해설 : 근로자에 대한 임금의 최저수준을 보장하여 근로자의 생활안정과 노동력의 질적 향상을 기하기 위해 제정된 법률이다. 최저임금은 노동자의 생계비, 유사노동자의 임금 및 노동생산성을 고려하고, 사업의 종류별로 구분하여 최저임금심의위원회의 심의를 거쳐 고용노동부장관이 정하도록 규정하고 있다. 최저임금법은 강행법규이기 때문에 최저임금의 적용을 받는 근로자와 사용자 사이에 최저임금액에 미달하는 임금을 정한 근로계약은 그 부분에 한하여 무효가 되고, 무효로 된 부분은 법정기준인 최저임금액을 기준으로 다시 산정하도록 규정하고 있다. 그러나 신체의 장애 등으로 근로능력이 현저히 낮은 자에 대한 최저임금 적용은 제외하고 있다.

① 최저임금에 산입하지 아니하는 임금의 범위 (최저임금법 시행규칙 제2조 관련) : (1개월을 초과하는 기간에 대한) 정근수당·근속수당·상여금, (소정근로 외에 지급하는) 연차휴가수당·연장근로수당·숙직수당·가족수당·급식수당·통근수당 등.

② 최저임금에 산입하는 임금의 범위 (최저임금법 시행규칙 제2조 관련) : 근로계약 등에 의해 지급근거가 명시되어 있는 임금 또는 수당, 미리 정해진 조건 등에 따라 매월 1회 이상 정기적·일률적으로 지급하는 임금 또는 수당, 직무수당·직책수당·물가수당·자격수당·벽지수당·생산장려수당 등.

다시 근기법으로 돌아와서, 과거에는 일주일을 5일 또는 6일로 볼 것이냐, 아니면 휴일을 포함한 7일로 볼 것이냐에 대한 논란이 있었으나, 최근 법 개정을 통해 명확히 "휴일을 포함한 7일"로 정리되었다. 이로써 최근 논란이 있었던 한 주 단위 근로시간을 산정하는 경우 휴일을 포함한 7일의 시간을 모두 합산하는 방식으로 규정화한 데에 의미가 있다고 보면 된다.

소정근로시간이란 일일 8시간, 한 주 40시간 이내의 근로시간 중 회사와 근로자가 합의한 근로시간을 말하는 것이다. 즉 일일 8시간 또는 한주 40시간을 초과하는 경우에는 일일 8시간, 한주 40시간이 그 기업의 소정근로시간이 되는 것이고 일일 7시간, 한주 35시간으로 근로시간을 정했다면 그 시간이 바로 소정근로시간이 되는 것이다. 소정근로시간이 가지는 의미는, 소정근로시간 이내인 근로시간은 통상임금의 1배수만 지급해도 되나, 소정근로시간을 초과하는 근로시간은 연장근로에 해당하기 때문에 통상임금의 1.5배수 이상을 지급해야 한다는 데에 있다.

단시간근로자란 '사회적'인 측면에서 근로시간이 짧은 근로자를 말하는 것이 아니고, '기업의 내부적'인 측면에서 상대적으로 근로시간이 짧은 근로자를 말하는 것이다. 가령, 어떤 기업의 근로시간이 일일 6시간이고 한주 36시간인 경우 이에 해당하는 근로자들은 그 기업 내부적으로는 단시간근로자가 아닌 것이다. 즉 단시간근로자는 기업 내부적인 측면에서 '상대적'으로 근로시간이 짧은 근로자를 의미한다.

제3조(근로조건의 기준) 이 법에서 정하는 근로조건은 최저기준이므로 근로관계 당사자는 이 기준을 이유로 근로조건을 낮출 수 없다.

☞ 조문해설 : 일반적으로 법은 '최소한'이라고 표현하기도 한다. 영화 〈공공의 적 2〉에서 주인공인 강철중 검사는 '법은 최소한이다.'라고 하기도 했다. 즉 법은 최소한의 사회적 보장장치인 것이다. 이러한 논리는 우리 근기법에서도 그대로 적용되고 있다. 근기법에서 정하는 규정은 지켜야 할 최소한의 것들이고, 기업에서는 근기법의 것들보다는 유리하게 혹은 동일하게 근로조건을 설정해야 한다. 예를 들어 법정수당은 통

상임금의 50%라고 근기법에서 정하고 있음에도 불구하고 어떤 기업에서 이를 40%라고 정하고 있다면 이는 근기법 위반인 것이다. 하지만 근기법과 다른 계산방식을 적용하고 있는 경우에는 그로 인한 결괏값이 근기법에서 정한 방식의 값보다 같거나 크면 유효한 것으로 판단한다. 다시 말해 계산과정보다도 계산결과로 도출된 금액이 근기법상의 계산결과에 비해 같거나 크면 된다.

제4조(근로조건의 결정) 근로조건은 근로자와 사용자가 동등한 지위에서 자유의사에 따라 결정하여야 한다.

☞ 조문해설 : 실무에서는 크게 의미 없는 규정이라 생각될 수 있는 조문이다. 하지만 근로자의 역할과 권한 등이 사용자에 비해 좁고 약하기 때문에, 이를 조정하고자 사용자와 근로자에게 평등권과 자유권을 부여한 조항이라고 생각하면 된다.

제5조(근로조건의 준수) 근로자와 사용자는 각자가 단체협약, 취업규칙과 근로계약을 지키고 성실하게 이행할 의무가 있다.

☞ 조문해설 : 근로조건을 결정하여 문서로 작성하고 체결한 근로계약과 취업규칙 그리고 단체협약은 근로관계 양 당사자 간의 약속이자 권리이고 의무이다. 이에 사용자와 근로자는 이를 당연히 준수하고 성실

하게 이행해야 한다.

제6조(균등한 처우) 사용자는 근로자에 대하여 남녀의 성(性)을 이유로 차별적 대우를 하지 못하고, 국적·신앙 또는 사회적 신분을 이유로 근로조건에 대한 차별적 처우를 하지 못한다. 〈5백만원 이하의 벌금〉

☞ 조문해설 : 노동관계법에는 여러 가지 원칙이 있다. 그중 하나가 '동일노동 동일임금의 원칙'이다. 이는 같은 종류의 노동에 대해선 동일한 임금을 지급해야 한다는 것으로, 임금에 대한 차별을 금지하는 대표적인 원칙이라 할 수 있다. 하지만 현실에서는 '동일노동'을 찾기가 쉽지 않다. 왜냐하면, 실제로 같은 직무를 수행한다고 하더라도 해당 직무 수행자들 간의 능력, 경력, 지식(이를 인사관리에서는 KSAO라 한다. — 지식, 기술, 태도, 기타 개인적 요인— 역량의 구성요소이기도 히다) 등이 동일하지 않기 때문이다. 즉 '동일노동 동일임금'의 원칙은 같은 조건을 가진 근로자가 동일한 직무를 수행할 때 비로소 동일한 임금을 지급해야 한다는 것이다. 다시 말해 객관적으로 합리적인 차별요소(KSAO와 같은)가 존재한다면 임금의 차등지급이 허용된다는 것이다. 이에 근기법 제6조에서는 KSAO가 아닌 남녀의 성, 국적과 신앙 또는 사회적 신분을 근거로 해서 근로조건에 차별을 두면 안 된다고 규정하고 있다.

제7조(강제 근로의 금지) 사용자는 폭행, 협박, 감금, 그 밖에 정신상 또

는 신체상의 자유를 부당하게 구속하는 수단으로써 근로자의 자유의사에 어긋나는 근로를 강요하지 못한다. 〈5년 이하의 징역 또는 5천만원 이하의 벌금〉

☞ 조문해설 : 보다 실무적으로 표현하자면, 애초에 약정된 근로의 내용과 전혀 상관없는 직무를 —사적인 심부름 등 직장 내 괴롭힘과도 연관성이 있다.— 지시한다든가, 휴일근로를 강제한다든가, 퇴직하는 근로자에게 부당한 압력 등을 행사하여 퇴직자의 의사에 반하여 계속 출근하게 한다든가 하는 것들을 말한다. 가장 대표적인 예가 채무의 변제를 위한 근로의 강요행위이다.

제8조(폭행의 금지) 사용자는 사고의 발생이나 그 밖의 어떠한 이유로도 근로자에게 폭행을 하지 못한다. 〈5년 이하의 징역 또는 5천만원 이하의 벌금〉

☞ 조문해설 : 최근 각종 미디어를 통해 근로자를 폭행하는 사업주에 대한 모습이 보도되는 경우가 종종 있다. 사용자와 근로자는 모두 헌법에서 보장하고 있는 자유권과 평등권 등을 부여받은 사람이다. 어떠한 이유에서도 사람이 사람을 폭행하는 경우는 없어야 할 것이다. 특히, 자신의 지위를 이용하여 그러한 행위를 일삼는다면 해당 기업에도 심각한 이미지 손상이 따를 수밖에 없을 것이다.

제9조(중간착취의 배제) 누구든지 법률에 따르지 아니하고는 영리로 다른 사람의 취업에 개입하거나 중간인으로서 이익을 취득하지 못한다. 〈5년 이하의 징역 또는 5천만원 이하의 벌금〉

☞ 조문해설 : 불법 취업알선이란 표현은 각종 미디어에 종종 등장하는 단골 소재이다. 불법 취업알선은 고용청탁이나 채용청탁 또는 채용비리 등의 표현으로도 쓰이고 있다. 동 조항에서 말하는 '법률'이란, 「직업안정법」과 「파견근로자 보호 등에 관한 법률」을 말하는 것으로, 동 법에 따라 허가 또는 인가받은 직업소개소, 근로자 공급사업 내지는 근로자 파견사업을 의미한다. 즉 이에 해당하지 않는 사람 또는 기업이 주체가 되어 채용을 담보로 하거나 채용을 대가로 한 금전적 거래가 이루어져서는 안 된다는 것이다. 다만, 판례에 따르면 취업과 관련하여 금전적 이익을 취한 모든 경우가 동 조항에 위반되는 것은 아니고, '영리'의 의사로 개입한 경우에 한한다고 한다. 즉 '영리'의 목적이 있었을 경우에만 처벌대상에 해당한다는 것이다.

제10조(공민권 행사의 보장) 사용자는 근로자가 근로시간 중에 선거권, 그 밖의 공민권(公民權) 행사 또는 공(公)의 직무를 집행하기 위하여 필요한 시간을 청구하면 거부하지 못한다. 다만, 그 권리 행사나 공(公)의 직무를 수행하는 데에 지장이 없으면 청구한 시간을 변경할 수 있다. 〈2년 이하의 징역 또는 2천만원 이하의 벌금〉

☞ 조문해설 : 실무적인 측면에서만 설명하자면, 선거일에는 투표권 행사에 필요한 시간을 반드시 부여해야 한다는 것이다. 즉 근로자가 자신의 투표권 행사를 위해 출근시간을 늦춰주길 요구하거나, 일찍 퇴근하기를 희망한다면 반드시 승인해줘야 한다. 또한, 투표일은 공휴일이기 때문에 근기법 제55조의 규정이 함께 적용된다.

제11조(적용 범위)
① 이 법은 상시 5명 이상의 근로자를 사용하는 모든 사업 또는 사업장에 적용한다. 다만, 동거하는 친족만을 사용하는 사업 또는 사업장과 가사(家事) 사용인에 대하여는 적용하지 아니한다.
② 상시 4명 이하의 근로자를 사용하는 사업 또는 사업장에 대하여는 대통령령으로 정하는 바에 따라 이 법의 일부 규정을 적용할 수 있다.
③ 이 법을 적용하는 경우에 상시 사용하는 근로자 수를 산정하는 방법은 대통령령으로 정한다.

☞ 조문해설 : (조문에서는 5명 이상과 4명 이하로 기재되어 있지만, 실무적인 차원에서는 5인 이상과 5인 미만으로 해석하면 된다.) 근기법의 내용은 상시 근로자 수 5인 이상인 사업 또는 사업장에 적용된다. 가장 대표적인 것이 법정수당의 가산적용이다. 5인 이상의 기업에서는 법정수당 지급 시 통상임금의 50%를 가산하여 적용해야 하지만, 5인 미만의 기업에서는 통상임금의 50% 가산 의무가 없다. 또한, 연차유급휴가

와 해고 ―해고예고 규정은 5인 미만 사업장에도 적용된다.― 규정은 5인 미만 기업에는 적용되지 않는다. 이외에도 5인 미만 사업 또는 사업장에 적용되는 내용 중 중요한 것으로는 근로계약서의 작성 및 체결, 퇴직금, 해고의 예고, 휴게 및 주휴일, 임산부의 보호 등이 있다.

※ 참고 －「근로기준법」 시행령 제7조의 2에 근거한 상시 근로자 수 산정기준
근무형태를 불문하고 기업에 고용된 모든 근로자(사업주 제외)를 포함한다. 단시간 근로자, 비정규직, 일용직을 구분하지 않고 기업에서 임금을 지급하는 근로자는 모두 합산해야 한다. 계속해서 그 숫자가 5 이상이라면 당연히 근기법의 대부분 규정이 적용되는 것이고, 5 미만이라면 일부 조항만 적용되는 것이다. 하지만 그 숫자가 4와 5 사이를 왔다갔다 하는 경우이거나 편차가 커서 5 이상이라고 단정하기 어려운 경우라면 다음의 것을 한 번 더 확인해보아야 한다. 5인 이상인 날수가 최근 한 달 동안 절반 이상이거나, 총사용근로자 수를 한 달간의 영업일로 나눈 값이 5 이상인 경우라면, 5인 이상 사업장으로 판단하게 된다. (법에서는 영업일을 가동일수라 표현하고 있다.)

제12조(적용 범위) 이 법과 이 법에 따른 대통령령은 국가, 특별시·광역시·도, 시·군·구, 읍·면·동, 그 밖에 이에 준하는 것에 대하여도 적용된다.

☞ 조문해설 : 대한민국의 법이기 때문에 국내법으로서 국내의 통치력이 미치는 범위에 적용된다. 그렇기 때문에 해외에 위치한 외국기업에는 당연히 그 효력이 미치지 아니하나, 국내에 위치한 외국기업과 해외에 위치한 국내기업에는 근기법이 적용된다.

제13조(보고, 출석의 의무) 사용자 또는 근로자는 이 법의 시행에 관하여 고용노동부장관·「노동위원회법」에 따른 노동위원회(이하 "노동위원회"라 한다) 또는 근로감독관의 요구가 있으면 지체 없이 필요한 사항에 대하여 보고하거나 출석하여야 한다. 〈5백만원 이하의 과태료〉

☞ 조문해설 : 일반적인 노동분쟁의 종류에는 임금체불과 부당해고가 있다. 임금체불은 고용노동부에서, 부당해고는 노동위원회에서 관할한다. 이유나 원인을 불문하고 근로자가 고용노동부 또는 노동위원회에 문제를 제기하는 경우에는 근로자의 권리구제에 대한 사실관계 및 사용자의 위법성 여부 등을 조사하기 위해서 근로자의 진술과 함께 사용자의 주장을 확인하여야 한다. 이를 위해 근기법에서는 사용자에 대한 보고와 출석의 의무를 규정해 놓은 것이다.

제14조(법령 요지 등의 게시)
① 사용자는 이 법과 이 법에 따른 대통령령의 요지(要旨)와 취업규칙을 근로자가 자유롭게 열람할 수 있는 장소에 항상 게시하거나 갖추어

두어 근로자에게 널리 알려야 한다. 〈5백만원 이하의 과태료〉
② 사용자는 제1항에 따른 대통령령 중 기숙사에 관한 규정과 제99조제1항에 따른 기숙사규칙을 기숙사에 게시하거나 갖추어 두어 기숙(寄宿)하는 근로자에게 널리 알려야 한다. 〈5백만원 이하의 과태료〉

☞ 조문해설 : 실무적인 측면에서 설명하자면, 동 조문의 내용보다는 기업이 근로자들에게 기본적인 직장생활에 대한 질서의식과 소양을 심어준다는 개념으로 접근하면 좋을 것이다. 즉 직장예절부터 사내질서 등 직장 내 규율에 관한 것과 직장생활에서 필수적으로 알아야 할 법률지식과 상식을 전달해야 한다는 의미로 해석하면 된다. 취업규칙 게시의무도 이와 동일하다.

제2장 근로계약
제15조(이 법을 위반한 근로계약)
① 이 법에서 정하는 기준에 미치지 못하는 근로조건을 정한 근로계약은 그 부분에 한하여 무효로 한다.
② 제1항에 따라 무효로 된 부분은 이 법에서 정한 기준에 따른다.

☞ 조문해설 : 제3조의 조문해설 참고. 법은 최소한의 것이며, 법보다 불리한 내용은 법의 것을 따른다. 일부 내용이 법보다 불리하더라도 모든 것이 무효로 되는 것은 아니고, 불리한 내용에 한하여 무효로 된다.

제16조(계약기간) 근로계약은 기간을 정하지 아니한 것과 일정한 사업의 완료에 필요한 기간을 정한 것 외에는 그 기간은 1년을 초과하지 못한다. 〈5백만원 이하의 벌금〉

☞ 조문해설 : 근로계약은 크게 두 가지로 구분해 볼 수 있다. 기간의 정함이 없는 계약과 기간의 정함이 있는 계약이 그것이다. 기간의 정함이 없는 것을 흔히들 정규직이라고 표현하고, 기간의 정함이 있는 것을 계약직이나 기간제 또는 비정규직이라고 혼용해서 표현하고 있다. 기간의 정함이 없는 계약은 근로관계 당사자 중 어느 일방이 소멸하거나 계약해지의 의사표시를 통해 계약이 종료될 때까지 지속하는 것이고, 기간의 정함이 있는 계약은 그 기간이 종료하거나 혹은 당사자 중 일방의 소멸 및 기간의 종료 전 계약해지의 의사표시가 있을 때까지 지속하는 것이다. 근로계약기간은 원칙적으로 기간을 정하지 아니하거나 그 기간을 정하더라도 1년을 초과하지 못한다. 단, 특정 사업의 완료 또는 특정한 업무의 완성에 필요한 기간을 정하는 형태의 근로계약은 그 업의 완성에 필요한 기간만큼 근로계약기간을 정할 수 있다. 대표적인 사례로 건설공사를 들 수 있다. 건설공사현장의 경우 착공일로부터 준공예정일까지의 기간 동안 현장소장 등의 근로자를 준공예정일까지의 기간을 정하여 근로계약을 체결할 수 있다. 여성 근로자의 육아휴직 또는 특정 근로자의 휴직 등으로 당해 근로자가 복귀할 때까지 그 업무를 대신하기 위해 그 기간을 설정하여 근로계약을 체결하는 것도 허용된다.

※ 관련법령 -「기간제 및 단시간근로자 보호 등에 관한 법률」

제2조(정의) 이 법에서 사용하는 용어의 정의는 다음과 같다.

1. "기간제근로자"라 함은 기간의 정함이 있는 근로계약(이하 "기간제 근로계약"이라 한다)을 체결한 근로자를 말한다.

제4조(기간제근로자의 사용)

① 사용자는 2년을 초과하지 아니하는 범위 안에서(기간제 근로계약의 반복갱신 등의 경우에는 그 계속근로한 총기간이 2년을 초과하지 아니하는 범위 안에서) 기간제근로자를 사용할 수 있다. 다만, 다음 각 호의 어느 하나에 해당하는 경우에는 2년을 초과하여 기간제근로자로 사용할 수 있다.

1. 사업의 완료 또는 특정한 업무의 완성에 필요한 기간을 정한 경우
2. 휴직·파견 등으로 결원이 발생하여 당해 근로자가 복귀할 때까지 그 업무를 대신할 필요가 있는 경우
3. 근로자가 학업, 직업훈련 등을 이수함에 따라 그 이수에 필요한 기간을 정한 경우
4. 「고령자고용촉진법」 제2조제1호의 고령자와 근로계약을 체결하는 경우
5. 전문적 지식·기술의 활용이 필요한 경우와 정부의 복지정책·실업대책 등에 따라 일자리를 제공하는 경우로서 대통령령이 정하는 경우
6. 그 밖에 제1호 내지 제5호에 준하는 합리적인 사유가 있는 경우

로서 대통령령이 정하는 경우

② 사용자가 제1항 단서의 사유가 없거나 소멸되었음에도 불구하고 2년을 초과하여 기간제근로자로 사용하는 경우에는 그 기간제근로자는 기간의 정함이 없는 근로계약을 체결한 근로자로 본다.

☞ 조문해설 : 법에서는 '기간제 근로자'라고 표현하고 있으며, 일반적으로 2년을 초과하지 않는 기간 내에서 근로계약기간을 설정하고 갱신할 수 있는 근로계약 형태를 의미한다. 단, 주의해야 할 것은 근로계약기간을 설정하였다고 해서 그 기간만료를 이유로 근로계약을 정당한 이유 없이 종료시킬 수는 없다는 것이다. 이는 판례에 의한 것으로서 실무상 이해하기 쉽게 표현한다면 다음과 같다. 근로계약기간을 설정한 근로자의 근로계약 종료시점이 도래하는 경우에는 대상 근로자의 성과나 근태자료 등과 같이 업무상 객관적인 자료를 근거로 하여, 최소한 대상 근로자와의 면담을 통해 근로계약 갱신여부를 판단하면서 협의내용을 보존하는 절차를 이행해야 한다. 즉 근로계약기간을 갱신하거나 갱신하지 않는 이유가 객관적이고 합리적이어야 하고, 그 근거와 과정이 문서로 보존되어 있어야 한다. 합리적인 이유 없이 혹은 그저 마음에 들지 않는다는 이유로 갱신을 거절하는 것은 부당해고에 해당할 여지가 상당하다. 단, 다른 근로자의 공석(육아휴직 등)을 위함이거나, 특정 기간에만 필요한 직무를 위해 채용한 근로자 등「기간제 및 단시간근로자 보호 등에 관한 법률」제4조의 예외에 해당하는 경우에는 그렇지 않다. 또한,

기간제 근로자 등에게는 근로조건 서면명시 의무가 더욱 강하게 적용된다. 그 내용으로는 근로계약기간에 관한 사항, 임금의 구성항목·계산방법·지불방법에 관한 사항, 근로일 및 근로일별 근로시간에 관한 사항, 근로시간 및 휴게시간에 관한 사항, 휴일·휴가에 관한 사항, 취업의 장소와 종사하여야 할 업무에 관한 것이며, 누락 시 각각의 항목별로 즉시 과태료 처분을 받게 된다.

※ 계약갱신기대권 : 근로계약기간이 종료되더라도 근로자로 하여금 당해 근로계약이 갱신되거나 재연장 되는 것에 대한 기대가 형성되어 권리화된 것을 의미한다. 판례에 따르면 이러한 계약갱신기대권이 형성되어 있는 경우에는 근로계약기간의 만료로 당해 근로계약을 종료하는 것이 해고에 해당하기 때문에 정당한 사유가 존재하여야 한다고 한다. 즉 근로계약기간이 설정되어 있더라도 이를 갱신하는 과정이 형식적인 절차에 불과하다면 대상 근로자들로 하여금 계약갱신에 대한 기대심리를 부여하게 되기 때문에, 이러한 경우에는 특별한 사정이 존재하지 않는 이상 근로계약기간을 갱신해야 할 의무가 있다는 것이다. 다시 말해 근로계약기간의 설정이 유효하려면 근로계약을 갱신하는 시점과 정규직 전환을 검토하는 시점에 실질적인 평가과정을 거쳐 이에 대한 구체적이고 개별적인 협의를 진행해야 한다는 것이다.

※ 비슷한 개념으로 수습기간이 있다. ―법률상으로 시용과 수습을 구

분하는 경향이 있지만, 실익이 크지 않고 현실에서는 수습이라는 용어로 통칭해서 사용하기 때문에 여기서는 동일한 것으로 해석하겠다.— 수습기간이란 사용자가 근로자를 정식으로 채용하기 이전에 근로자의 직무수행 능력이나 적성·자질 등을 평가하기 위해 일정 기간 시험적으로 사용하는 것을 말한다. 수습기간 역시 근로계약에 해당하기 때문에 근기법의 내용이 그대로 적용되며, 통상적으로 3개월을 기준으로 수습기간을 설정하게 된다. 수습기간의 특성상 특별한 사유가 존재하지 않으면 수습기간 만료 후 또는 수습기간 도중이라도 당사자의 협의를 거쳐 정식 근로계약기간으로 전환이 된다. 하지만 수습기간 도중에 근로계약을 해지하거나 수습기간 이후 본채용을 거부하는 것은 근로기준법상 해고에 해당한다. 다만, 수습기간의 성격상 합리적인 사유가 존재한다면 일반적인 해고의 요건에 비해 그 정당성을 넓게 인정하고 있다.

제17조(근로조건의 명시)
① 사용자는 근로계약을 체결할 때에 근로자에게 다음 각 호의 사항을 명시하여야 한다. 근로계약 체결 후 다음 각 호의 사항을 변경하는 경우에도 또한 같다. 〈5백만원 이하의 벌금〉

  1. 임금
  2. 소정근로시간
  3. 제55조에 따른 휴일
  4. 제60조에 따른 연차 유급휴가

5. 그 밖에 대통령령으로 정하는 근로조건

② 사용자는 제1항제1호와 관련한 임금의 구성항목·계산방법·지급방법 및 제2호부터 제4호까지의 사항이 명시된 서면을 근로자에게 교부하여야 한다. 다만, 본문에 따른 사항이 단체협약 또는 취업규칙의 변경 등 대통령령으로 정하는 사유로 인하여 변경되는 경우에는 근로자의 요구가 있으면 그 근로자에게 교부하여야 한다.

☞ 조문해설 : 근로계약은 반드시 "서면"으로 근로자를 "채용"할 때 그리고 근로조건이 "변경"될 때 체결해야 하며, 체결한 근로계약서 사본을 근로자에게 반드시 "교부"해주어야 한다. 조문에서는 "임금과 소정근로시간, 주휴일과 연차유급휴가 그리고 시행령에서 취업장소와 직무 및 업무의 시작시간, 임금의 구성항목과 지급방법 그리고 계산방법, 퇴직 및 상여금 등"에 관한 사항을 근로계약서에 기재하게끔 규정되어 있다. 이를 실무적인 표현으로 다시 설명하자면 '사용자와 근로자가 약정한 모든 내용'을 근로계약서에 기재하면 된다는 것이다. 즉 근로계약서만 보더라도 근로자가 언제 어디로 출근하고 무슨 일을 하며 언제 퇴근하고, 그에 대한 보수를 언제 어떻게 지급받는지 등을 알 수 있으면 되는 것이다. 다시 말해 누가 보더라도 근로계약의 내용이 육하원칙에 의해 명확하게 기재되어 있다면, 그것이 바로 근기법에서 규정한 근로계약의 서면명시 의무를 온전히 이행한 결과가 되는 것이다.

제18조(단시간근로자의 근로조건)

① 단시간근로자의 근로조건은 그 사업장의 같은 종류의 업무에 종사하는 통상 근로자의 근로시간을 기준으로 산정한 비율에 따라 결정되어야 한다.

② 제1항에 따라 근로조건을 결정할 때에 기준이 되는 사항이나 그 밖에 필요한 사항은 대통령령으로 정한다.

③ 4주 동안(4주 미만으로 근로하는 경우에는 그 기간)을 평균하여 1주 동안의 소정근로시간이 15시간 미만인 근로자에 대하여는 제55조와 제60조를 적용하지 아니한다.

☞ 조문해설 : 제2조 조문해설 참고. ─단시간근로자는 '그 기업의 내부적'인 관점에서 결정되는 것이다.─ 가령 소정근로시간을 일일 8시간, 한 주 40시간으로 정한 기업에서 일일 4시간, 한 주 20시간의 근로자를 채용할 경우, 해당 근로자가 근기법상 단시간근로자인 것이고, 이런 단시간근로자의 근로조건은 통상근로자의 소정근로시간과 비교하여 50%의 근로를 제공하는 것이기에 근로조건 역시 50% 수준에서 결정되어야 한다는 것이다. 오해가 있을 수 있는 내용이기에 이를 다시 설명하자면, 근로조건 특히 복리후생에 대한 총량적인 개념이지, 임금의 결정방식에 대한 것은 아니다. 쉽게 말해 통상근로자의 시급이 만 원이기 때문에 단시간근로자의 시급을 5천 원으로 결정하는 것이 아니라, 경영성과금이나 학업지원비 등에 대한 근로조건을 통상근로자와 비교하여 단시간근

로자에게 그 근로시간의 비율에 따라 지급해야 한다는 것이다. 단, 1주간의 소정근로시간이 15시간 미만인 근로자에 대하여는 유급주휴일과 연차유급휴가 및 근로자퇴직급여보장법에 따른 퇴직금을 적용하지 않는다.

※ 단시간근로자의 연장근로 : 예를 들어 사용자와 근로자가 일일 5시간 한 주 4일 근로를 약정했다고 한다면 여기에 해당하는 시간이 바로 소정근로시간이 된다. 이때 일일 5시간 한 주 4일을 초과해서 근로하게 되면 법 내 연장근로(일일 8시간, 한 주 40시간)라 하더라도 당사자 간에 약정한 소정근로시간을 초과하는 것이기에 연장근로수당(통상임금의 50% 가산)을 별도로 지급해야 한다.

제19조(근로조건의 위반)
① 제17조에 따라 명시된 근로조건이 사실과 다를 경우에 근로자는 근로조건 위반을 이유로 손해의 배상을 청구할 수 있으며 즉시 근로계약을 해제할 수 있다.
② 제1항에 따라 근로자가 손해배상을 청구할 경우에는 노동위원회에 신청할 수 있으며, 근로계약이 해제되었을 경우에는 사용자는 취업을 목적으로 거주를 변경하는 근로자에게 귀향 여비를 지급하여야 한다.

☞ 조문해설 : 작성한 근로계약의 내용이 사실과 다른 경우를 말한다. 가령 근로시간 도중 휴게시간을 2시간 부여키로 하였음에도 불구하고 이를 부여하지 않는다던가, 소정근로에 대한 임금을 200만 원 지급키로 하였는데 150만 원만 지급한다던가, 별도의 상여금을 지급키로 하였음에도 불구하고 이를 묵인하는 경우 등을 말한다. 현실에서 자주 있는 일은 아니나 공공연하게 근로계약서를 허위로 작성하거나, 소위 이면계약을 하는 경우 등이 이에 해당할 것이다.

제20조(위약 예정의 금지) 사용자는 근로계약 불이행에 대한 위약금 또는 손해배상액을 예정하는 계약을 체결하지 못한다. 〈5백만원 이하의 벌금〉

☞ 조문해설 : 위약금이란 채무자가 채무의 이행이 불가할 경우에 채권자에게 지급하기로 약정한 금원을 말하는 것으로 손해배상액의 예정으로 볼 수 있다. 위약금이나 손해배상의 예정은 근로자의 근로제공을 강제하는 도구로 활용될 수 있기 때문에 법률로써 금지하고 있는 것이다.
─어떠한 사유로든 근로의 제공을 강제할 수는 없다.─

제21조(전차금 상계의 금지) 사용자는 전차금(前借金)이나 그 밖에 근로할 것을 조건으로 하는 전대(前貸)채권과 임금을 상계하지 못한다. 〈5백만원 이하의 벌금〉

☞ 조문해설 : 제20조와 마찬가지로 근로제공을 강제할 수 있는 효과가 있기 때문에 이를 금지하고 있다. 전차금이란 취업 후 임금에서 변제할 것을 예정하여 사용자가 근로자에게 미리 빌려주는 금전을 말한다. 전대채권이란 전차금 이외에 근로할 것을 조건으로 사용자가 근로자 또는 친권자 등에게 지급하는 금전을 말한다.

제22조(강제 저금의 금지)
① 사용자는 근로계약에 덧붙여 강제 저축 또는 저축금의 관리를 규정하는 계약을 체결하지 못한다. 〈2년 이하의 징역 또는 2천만원 이하의 벌금〉
② 사용자가 근로자의 위탁으로 저축을 관리하는 경우에는 다음 각 호의 사항을 지켜야 한다. 〈5백만원 이하의 벌금〉
   1. 저축의 종류·기간 및 금융기관을 근로자가 결정하고, 근로자 본인의 이름으로 저축할 것
   2. 근로자가 저축증서 등 관련 자료의 열람 또는 반환을 요구할 때에는 즉시 이에 따를 것

☞ 조문해설 : 위약 예정, 전차금과 마찬가지로 강제근로를 금지하기 위한 규정이다. 이들과 관련한 가장 대표적인 사례가 바로 의무재직기간이다. 사용자가 근로자의 해외연수 또는 외부 전문교육 등에 대한 비용을 근로자 대신 부담하는 것을 조건으로, 근로자에게 의무재직기간을

설정하고 이 기간 동안 근로를 제공하지 않으면 관련 비용의 전부 또는 일부를 반환하도록 하는 사례가 있다. 판례에서는 이러한 의무재직기간을 경비반환채무의 면제기간으로 판단하여 위약금 또는 손해배상액을 예정한 계약이 아니라고 하였으나, 해외연수기간 중 근로의 제공을 동시에 이행한 경우에는 ―일하면서 연수를 받은 경우― 사용자가 지급한 임금 및 경비를 반환하는 약정을 할 수 없다고 판단하였다.

제23조(해고 등의 제한)
① 사용자는 근로자에게 정당한 이유 없이 해고, 휴직, 정직, 전직, 감봉, 그 밖의 징벌(懲罰)(이하 "부당해고등"이라 한다)을 하지 못한다.
② 사용자는 근로자가 업무상 부상 또는 질병의 요양을 위하여 휴업한 기간과 그 후 30일 동안 또는 산전(産前)·산후(産後)의 여성이 이 법에 따라 휴업한 기간과 그 후 30일 동안은 해고하지 못한다. 다만, 사용자가 제84조에 따라 일시보상을 하였을 경우 또는 사업을 계속할 수 없게 된 경우에는 그러하지 아니하다. 〈5년 이하의 징역 또는 5천만원 이하의 벌금〉

☞ 조문해설 : 근기법에서는 "부당해고 등"이라고 표현하면서 부당해고 관련 규정에 휴직·정직·전직·감봉·징벌을 함께 다루고 있다. 그렇기 때문에 인사이동 등에 관한 것이 근로자에게 불이익한 경우라면 관련규정에 저촉될 여지가 존재하게 된다. 인사이동은 사용자의 경영권하

고도 연관되는 문제이기 때문에 근로자에게 불이익하다고 하더라도, 사용자의 경영권과 비교 후 사용자의 경영권행사가 권리남용에 해당하지 않거나 관련법을 위반하지 않는다면 근로자가 받게 될 불이익과 사용자의 경영상 필요성을 비교하여 이를 개별적이고 종합적으로 판단해 보아야 한다. 단, 근로자의 명시적인 동의가 있는 경우에는 이를 판단해 볼 필요가 없을 것이다. 근로계약 체결 시 근로자의 직무와 근무장소가 한정되어 있고 이를 변경하고자 한다면, 원칙적으로 당해 근로자의 동의가 있어야 한다. 즉 근로자의 동의가 없다면 당해 행위가 사용자의 월권행위인지 아니면 업무상 필요성이 존재하는 합당한 인사이동 조치인지를 따져봐야 한다는 것이다.

기업 간 인사이동으로서 근로자가 사용자와의 근로계약은 그대로 유지한 채 다른 사용자의 사업장으로 발령받아 근로를 제공하게 되는 것을 전출이라 하고, 기존 사용자와의 근로계약을 종료시키고 다른 사용자와 근로계약을 체결하는 것을 전적이라 한다. 전출과 전적은 근로제공 또는 근로관계의 상대방을 변경하는 것으로 중요한 근로조건의 변경이기 때문에 근로자의 동의가 필요하지만, 사전에 포괄적인 동의가 있었거나 경영상 관행이 존재하였다면 근로자의 동의가 있는 것으로 해석될 수 있을 것이다.

근기법 제23조와 관련된 징계는 견책과 경고, 감급, 정직과 휴직 그리고 징계해고가 있다. 견책과 경고는 당해 근로자로부터 시말서 —필자는 시말서보다는 해당 사유에 대한 원인분석 내지는 재발방지방안 등의 문서를 받을 것을 권유한다. 시말서는 인권적인 측면에서 문제를 발생시킬 여지가 있기 때문이다.— 를 받거나, 개별면담 등을 통해 주의를 주는 것을 말하고 감급은 당해 근로자의 급여를 일시적 또는 한시적으로 감액하는 것을 말한다. 감급의 한도는 근기법 제95조에서 규정하고 있기 때문에 이를 초과하는 감급은 행할 수 없다. 정직과 휴직이란 당해 근로자의 출근을 정지시키는 것을 말하며, 대기발령이라고도 한다. 일반적으로 대기발령기간은 무급이다. 징계해고란 징계의 수위가 가장 높은 것으로 사용자가 근로자의 의사에 반하여 근로관계를 일방적으로 종료시키는 것을 말한다.

이러한 징계는 그 수위와 당해 근로자의 규율위반 행위의 정도에 따라 그 정당성 여부를 판단할 수 있다. 즉 당해 근로자가 사용자와의 근로계약을 통해 약정한 의무를 적극적으로 이행하지 않거나, 근로자의 과실로 이를 위반하게 되었거나, 피치 못할 사정 등으로 인해 이행하지 않게 된 결과가 나타났거나 하는 정도 등에 따라 징계수위를 결정해야 한다. 이러한 결정기준은 동일한 사업 또는 사업장 내부의 다른 근로자들에게도 차별적이지 않게 적용되어야 한다. —이를 공정성과 형평성이라 한다.— 이러한 여러 가지 상황 등을 고려하여 그 징계의 정당성 여부를 검토하게 되는데, 합리적인 사유가 존재하고 그에 따른 징계수위가 적당하다고 인정되면 그 징계는 정당성을 확보하게 된다. 만약 합리적인 사유가 존재하더라도 징계의 수위가 과하거나, 징계의 수위와 상관없이 합리적인 사유가 존재하지 않는다면 정당성을 확보하지 못하게 된다. 이를 근기법에서 '부당해고 등'이라 표현하고 있다.

징계의 합리적인 사유는 근기법에서 구체적으로 규정하고 있지 않지만, 일반적으로 업무방해 · 지시위반 · 근무태만 · 직장질서문란 등의 행위를 포함한 근로제공의 미이행 혹은 불완전이행을 들 수 있다. 또한, 경력사칭의 경우에도 징계할 수 있는데, 사용자가 근로자의 경력사칭을 미리 알고 있었다면 대상 근로자를 채용하지 않았거나 적어도 동일조건으로는 계약을 체결하지 아니하였을 것으로 인정되는 정도의 것이어야 한다.

즉 징계해고란, ―정리해고와는 구별되는 개념이다.― 정리해고가 근로자에게 귀책사유가 존재하는지보다는 사용자의 긴박한 경영상 필요에 의한 것인 반면에, ―결국, 해고대상자 선정과정에서는 근로자의 직무수행 능력, 평상시의 행동 등에 관한 판단도 함께 이루어지기 때문에 근로자에게 책임이 전혀 없다고는 할 수 없겠지만, 최소한 근로자가 직접적인 원인을 제공하지 아니하였다는 점에서는 구별될 것이다.― 징계해고는 근로자에게 직접적인 귀책사유가 존재하고, 그로 인해 사용자 또는 다른 근로자들에게 손해를 끼치게 되기 때문에 사용자가 당해 근로자를 징계하는 것을 말한다. 징계해고는 근로자의 귀책사유가 해고에 이를 만한 정도의 것이었냐는 것을 쟁점으로 하면서, 해고의 사유와 시기를 기재한 서면을 통해 당해 근로자에게 통지할 것을 요건으로 하고 있다. (해고사유의 서면통지 참고)

근기법에서는 재해근로자와 산전·산후의 여성근로자에 대한 특별한 보호를 위해 해고금지기간을 규정하고 있다. 다만, 당해 근로자에게 평균임금 1,340일분의 일시보상을 하거나 사업을 계속할 수 없는 경우에는 예외적으로 해고가 가능하다. 또한,「남녀고용평등과 일·가정 양립 지원에 관한 법률」에서는 육아휴직 기간에도 해고를 금지하고 있으나, 사업을 계속할 수 없는 경우는 예외적으로 해고가 가능하다.

제24조(경영상 이유에 의한 해고의 제한)
① 사용자가 경영상 이유에 의하여 근로자를 해고하려면 긴박한 경영상의 필요가 있어야 한다. 이 경우 경영 악화를 방지하기 위한 사업의 양도·인수·합병은 긴박한 경영상의 필요가 있는 것으로 본다.
② 제1항의 경우에 사용자는 해고를 피하기 위한 노력을 다하여야 하며, 합리적이고 공정한 해고의 기준을 정하고 이에 따라 그 대상자를 선정하여야 한다. 이 경우 남녀의 성을 이유로 차별하여서는 아니 된다.
③ 사용자는 제2항에 따른 해고를 피하기 위한 방법과 해고의 기준 등

에 관하여 그 사업 또는 사업장에 근로자의 과반수로 조직된 노동조합이 있는 경우에는 그 노동조합(근로자의 과반수로 조직된 노동조합이 없는 경우에는 근로자의 과반수를 대표하는 자를 말한다. 이하 "근로자대표"라 한다)에 해고를 하려는 날의 50일 전까지 통보하고 성실하게 협의하여야 한다.

④ 사용자는 제1항에 따라 대통령령으로 정하는 일정한 규모 이상의 인원을 해고하려면 대통령령으로 정하는 바에 따라 고용노동부장관에게 신고하여야 한다.

⑤ 사용자가 제1항부터 제3항까지의 규정에 따른 요건을 갖추어 근로자를 해고한 경우에는 제23조제1항에 따른 정당한 이유가 있는 해고를 한 것으로 본다.

☞ 조문해설 : 근기법 제23조의 규정은 근로자가 그 원인을 제공(근로자의 책임)한 것을 이유로 한 징계해고를 규정한 것이고, 동법 제24조는 기업이 그 원인을 제공(기업의 책임)한 것을 이유로 한 정리해고를 규정한 것이다. 정리해고가 정당하려면 아래의 두 가지 요건을 모두 충족해야 한다. 이를 실질적 정당성과 절차적 정당성이라 한다.

실질적 정당성은 긴박한 경영상의 필요와 해고회피 노력 및 해고대상자 선정 협의 절차의 준수 여부에 따라 판단하게 된다. 긴박한 경영상의 필요란 이미 발생한 경영악화 현상이라든가 혹은 경영악화가 예상되어 이를 예방하기 위해 사업의 양도·인수·합병을 실행하게 되는 경우를 말하며, 해고회피 노력이란 긴박한 경영상의 필요에 따른 해고를 예방하기 위한 노력을 말하는 것으로 경영 정상화를 위한 노력이나 정리해고 대상자를 축소하기 위한 일련의 노력들을 포함하는 개념이다. 해고대상자 선정 협의란 반드시 특정 근로자의 해고 여부에 대한 의견일치까지를 요구하는 것은 아니고 서로 간의 의견을 교환하는 과정을 통해 근로자 측의 의견을 더욱 적극적으로 참고하라는 정도로 해석할 수 있다. 이를 실질적 정당성이라 표현하고, 긴박한 경영상 필요와 해고회피 노력 및 해고대상자 선정 협의가 모두 충족되어야 한다. 셋 중 일부 또는 모두를 충족하지 못한 경우에는 실질적 정당성을 확보할 수 없다.

절차적 정당성은 근로자대표 ―또는 근로자 과반수로 조직된 노동조합이 있는 경우에는 그 노동조합― 에 대해 해고예정일로부터 50일 이전에 정리해고에 대해 사전통지를 하고, 정리해고 대상자에 대해서는 해고사유와 시기를 작성한 서면통지를 30일 이전 ―불필요한 논란을 만들 이유가 없기 때문. 해고예고 내용 참고― 에 시행해야 한다는 것이다. 즉 해고는 반드시 '문서'를 통해 통지해야 한다. 그렇지 않으면 그 정당성을 확보할 수 없다.

정리해고는 실질적 정당성과 절차적 정당성을 모두 갖춘 경우에만 그 정당성을 인정받을 수 있다. 만약 실질적 정당성은 갖추었음에도 불구하고 서면으로 해고를 통지하지 아니하였다면 이는 부당해고가 된다. 부당해고를 당한 근로자는 노동위원회의 부당해고 구제신청 절차를 통해 구제받을 수 있다. 절차적 정당성은 갖추고 있으나 실질적 정당성은 갖추고 있지 아니한 경우도 마찬가지이다. 정리해고든 징계해고든 부당한 해고라면, 당해 근로자는 해고기간 동안 지급받을 수 있었던 임금의 상당액 —사실상 임금전액— 을 사용자로부터 지급받을 수 있게 될 뿐만 아니라, 원직에도 복귀할 수 있는 권리가 발생한다.

제25조(우선 재고용 등)

① 제24조에 따라 근로자를 해고한 사용자는 근로자를 해고한 날부터 3년 이내에 해고된 근로자가 해고 당시 담당하였던 업무와 같은 업무를 할 근로자를 채용하려고 할 경우 제24조에 따라 해고된 근로자가 원하면 그 근로자를 우선적으로 고용하여야 한다.

② 정부는 제24조에 따라 해고된 근로자에 대하여 생계안정, 재취업, 직업훈련 등 필요한 조치를 우선적으로 취하여야 한다.

☞ 조문해설 : 정리해고 후 3년 이내에는 당시 정리해고자들이 수행했던 직무에 근로자를 채용할 때, 당시 정리해고 된 근로자가 재취업을 원한다면 그를 우선적으로 고용해야 한다.

제26조(해고의 예고) 사용자는 근로자를 해고(경영상 이유에 의한 해고

를 포함한다)하려면 적어도 30일 전에 예고를 하여야 하고, 30일 전에 예고를 하지 아니하였을 때에는 30일분 이상의 통상임금을 지급하여야 한다. 다만, 다음 각 호의 어느 하나에 해당하는 경우에는 그러하지 아니하다. 〈2년 이하의 징역 또는 2천만원 이하의 벌금〉

1. 근로자가 계속 근로한 기간이 3개월 미만인 경우
2. 천재·사변, 그 밖의 부득이한 사유로 사업을 계속하는 것이 불가능한 경우
3. 근로자가 고의로 사업에 막대한 지장을 초래하거나 재산상 손해를 끼친 경우로서 고용노동부령으로 정하는 사유에 해당하는 경우

☞ 조문해설 : 사용자가 근로자를 해고하려면 해고 30일 전에 해고사유와 시기를 기재한 문서로써 예고통지를 하거나, 30일분 이상의 통상임금을 지급함으로써 즉시 해고할 수 있다. 단, 근로자가 기업에 채용된 후 3개월이 지나지 않았거나, 사용자가 사업을 계속할 수 없거나, 근로자가 고의적으로 사업에 손해를 끼친 경우 ―거래처로부터 금품을 제공받거나, 사업의 기밀을 경쟁업체에 제공하거나, 허위사실을 유포, 사용자의 제품 등을 훔치거나, 기물을 고의로 파손하는 등의 행위로 인해 사업에 지장을 주는 경우― 에 해당한다면 예고 없이 즉시해고가 가능하다.

※ 해고예고는 ―예외에 해당하는 상황이 아닌 경우에는― 근로자의 갑작스런 생활기반의 상실을 예방하고자 함이 목적이다. 그렇기 때문에

해고예고 규정을 준수하지 않은 해고에 대한 정당성 여부에 논란이 있다. 정리해고를 포함한 징계해고에서 실질적 정당성과 절차적 정당성을 모두 갖추었으나 해고예고의 요건을 충족하지 못한 경우를 예로 들 수 있는데, 이런 경우 판례에서는 해고예고절차를 거치지 아니하였다 하더라도 당해 해고가 정당성을 갖추었다면 해고의 효력은 유효하다고 한다. 즉 해고예고에 관한 규정은 해고의 정당성에 영향을 미치지 아니한다는 것이다. (반대로 해고예고를 하였다는 사실 또한 해고의 정당성에 영향을 미치지 않는다) 단, 해고예고 시 해고의 사유와 시기를 명시하여 서면으로 통지하는 경우에는 해고의 서면통지로 본다.

제27조(해고사유 등의 서면통지)
① 사용자는 근로자를 해고하려면 해고사유와 해고시기를 서면으로 통지하여야 한다.
② 근로자에 대한 해고는 제1항에 따라 서면으로 통지하여야 효력이 있다.
③ 사용자가 제26조에 따른 해고의 예고를 해고사유와 해고시기를 명시하여 서면으로 한 경우에는 제1항에 따른 통지를 한 것으로 본다.

☞ 조문해설 : 징계해고와 정리해고의 절차적 정당성에 관한 내용이다. 이미 앞에서 설명하였다.

※ 취업규칙이나 단체협약 등을 통해 징계절차에 관한 규정을 두고 있

는 경우가 있다. 징계절차에 관한 사규 등이 존재한다면 이는 반드시 지켜져야 한다. 취업규칙은 회사가 작성하여 근로자들에게 공표하는 것이고, 단체협약은 회사와 노동조합이 합의하여 만들어낸 규칙이기 때문이다. 만약, 정해진 징계절차를 준수하지 않은 상태에서 해고 등을 단행한다면, 이는 부당해고로 판단될 것이다. 정리해고에 관한 것도 마찬가지이다. 정리해고 절차에 관한 내용이 존재한다면 이를 반드시 준수해야 한다. 만약, 절차상의 규정이 없다고 하더라도 당해 근로자에 대한 최소한의 소명기회는 보장되어야 한다.

제28조(부당해고등의 구제신청)
① 사용자가 근로자에게 부당해고등을 하면 근로자는 노동위원회에 구제를 신청할 수 있다.
② 제1항에 따른 구제신청은 부당해고등이 있었던 날부터 3개월 이내에 하여야 한다.

☞ 조문해설 : 정당하지 않은 해고, 즉 부당해고를 당한 근로자는 그 해고일로부터 3개월 이내에 회사 주소지 관할 노동위원회에 부당해고 구제신청을 접수할 수 있다. 노동위원회는 부당해고 구제신청서가 접수되면 정해진 절차에 따라 부당해고에 관한 판단을 해야 한다.

※ 부당해고 구제신청은 노동위원회라는 행정기관 ―준사법기관― 을

통해 부당하게 해고된 근로자의 권리를 구제할 수 있는 법률상 제도이다. 부당해고는 법률적인 다툼이기 때문에 법원을 통한 소송으로 구제받아야 하지만, 보다 간편하고 신속하게 진행할 수 있도록 근기법에서 행정적인 구제절차를 추가로 마련하고 있는 것이다.

제29조(조사 등)
① 노동위원회는 제28조에 따른 구제신청을 받으면 지체 없이 필요한 조사를 하여야 하며 관계 당사자를 심문하여야 한다.
② 노동위원회는 제1항에 따라 심문을 할 때에는 관계 당사자의 신청이나 직권으로 증인을 출석하게 하여 필요한 사항을 질문할 수 있다.
③ 노동위원회는 제1항에 따라 심문을 할 때에는 관계 당사자에게 증거 제출과 증인에 대한 반대심문을 할 수 있는 충분한 기회를 주어야 한다.
④ 제1항에 따른 노동위원회의 조사와 심문에 관한 세부절차는 「노동위원회법」에 따른 중앙노동위원회(이하 "중앙노동위원회"라 한다)가 정하는 바에 따른다.

☞ 조문해설 : 부당해고 구제신청이 접수되면, 노동위원회는 사용자와 근로자 모두에게 이와 관련된 의견과 사실을 입증할 만한 것들을 요구하고 조사하게 되고, 공익위원들과 근로자위원, 사용자위원 그리고 부당해고 당사자들의 참석하에 심문회의를 개최한 후 당사자의 주장과 관

련된 법리적 검토를 이행하여 부당해고 구제신청에 대한 판정 ―행정처분― 을 하게 된다.

제30조(구제명령 등)

① 노동위원회는 제29조에 따른 심문을 끝내고 부당해고등이 성립한다고 판정하면 사용자에게 구제명령을 하여야 하며, 부당해고등이 성립하지 아니한다고 판정하면 구제신청을 기각하는 결정을 하여야 한다.
② 제1항에 따른 판정, 구제명령 및 기각결정은 사용자와 근로자에게 각각 서면으로 통지하여야 한다.
③ 노동위원회는 제1항에 따른 구제명령(해고에 대한 구제명령만을 말한다)을 할 때에 근로자가 원직복직(原職復職)을 원하지 아니하면 원직복직을 명하는 대신 근로자가 해고기간 동안 근로를 제공하였더라면 받을 수 있었던 임금 상당액 이상의 금품을 근로자에게 지급하도록 명할 수 있다.

☞ 조문해설 : 부당해고 구제신청은 부당하게 해고된 근로자가 신청하는 것이다. 그렇기 때문에 부당해고 구제신청에 대한 심문결과가 부당해고라면, 사용자는 부당해고 기간에 해당하는 임금 상당액 ―부당해고 사실이 없었을 경우 지급했을 것으로 예상되는 임금, 사실상 부당해고 기간에 대한 임금 전액― 을 근로자에게 지급함과 동시에 근로자를 부당해고 직전에 근무하였던 직무와 직위에 복직시켜야 한다. 만약 부당

해고 구제신청에 대한 심문결과가 부당해고가 아니라고 한다면, 사용자에게 별다른 의무가 주어지지 아니한다. ―법조문에서는 "근로자가 원직복직을 원하지 아니하면 원직복직을 명하는 대신 근로자가 해고기간 동안 근로를 제공하였더라면 받을 수 있었던 임금 상당액 이상의 금품을 근로자에게 지급하도록 명할 수 있다."라고 규정되어 있어 오해의 소지가 있다. 해고기간 동안의 임금 상당액은 근로자가 원직복직을 원하든 원하지 않든 상관없이 부당해고 기간에 대해 지급하여야 한다.―

제31조(구제명령 등의 확정)
① 「노동위원회법」에 따른 지방노동위원회의 구제명령이나 기각결정에 불복하는 사용자나 근로자는 구제명령서나 기각결정서를 통지받은 날부터 10일 이내에 중앙노동위원회에 재심을 신청할 수 있다.
② 제1항에 따른 중앙노동위원회의 재심판정에 대하여 사용자나 근로자는 재심판정서를 송달받은 날부터 15일 이내에 「행정소송법」의 규정에 따라 소(訴)를 제기할 수 있다.
③ 제1항과 제2항에 따른 기간 이내에 재심을 신청하지 아니하거나 행정소송을 제기하지 아니하면 그 구제명령, 기각결정 또는 재심판정은 확정된다. 〈1년 이하의 징역 또는 1천만원 이하의 벌금〉

☞ 조문해설 : 부당해고 구제신청 절차는 행정심판이다. 행정심판에 대한 이의신청은 행정쟁송절차에 따라 재심신청이 가능하며, 재심은 중앙

노동위원회에서 판정한다.

※ 참고 : 노동위원회를 통한 구제절차 규정이 있다고 해서 사법적인 구제절차가 거부되는 것은 아니다. 부당해고를 당한 근로자는 노동위원회를 통한 부당해고 구제신청이나, 법원을 통한 해고무효 확인소송 중에서 임의로 선택하여 신청할 수 있다. 단, 법 해석의 최종적 권한은 법원에 있기 때문에 법원의 확정판결 이후에는 노동위원회를 통한 행정적 구체절차를 이용할 수 없다. 즉 행정심판전치주의로 인해 부당해고나 부당노동행위에 대한 구제신청은 반드시 노동위원회의 구제절차를 거친 후에만 ─노동위원회 판정에 불복 시─ 소송을 제기할 수 있고, 무효 등 확인소송의 제기에는 행정심판을 거칠 필요가 없다.

제32조(구제명령 등의 효력) 노동위원회의 구제명령, 기각결정 또는 재심판정은 제31조에 따른 중앙노동위원회에 대한 재심 신청이나 행정소송 제기에 의하여 그 효력이 정지되지 아니한다.

☞ 조문해설 : 지방노동위원회에서 부당해고 구제신청에 대한 판정을 하게 되면, ─그것이 부당해고가 성립한다는 내용이든, 부당해고가 아니라는 내용이든─ 그 효력은 일단 유지된다. 만약, 중앙노동위원회의 판정이 지방노동위원회의 판정과 다르다면 중앙노동위원회의 판정대로 효력이 발생한다. 마찬가지로 중앙노동위원회의 판정이 있으면, 그 효

력은 유지되고 차후 소송을 거쳐 그 결과에 따라 중앙노동위원회의 판정 효력이 계속 유지되거나 소급하여 변경된다.

제33조(이행강제금)
① 노동위원회는 구제명령(구제명령을 내용으로 하는 재심판정을 포함한다. 이하 이 조에서 같다)을 받은 후 이행기한까지 구제명령을 이행하지 아니한 사용자에게 2천만원 이하의 이행강제금을 부과한다.
② 노동위원회는 제1항에 따른 이행강제금을 부과하기 30일 전까지 이행강제금을 부과·징수한다는 뜻을 사용자에게 미리 문서로써 알려주어야 한다.
③ 제1항에 따른 이행강제금을 부과할 때에는 이행강제금의 액수, 부과 사유, 납부기한, 수납기관, 이의제기방법 및 이의제기기관 등을 명시한 문서로써 하여야 한다.
④ 제1항에 따라 이행강제금을 부과하는 위반행위의 종류와 위반 정도에 따른 금액, 부과·징수된 이행강제금의 반환절차, 그 밖에 필요한 사항은 대통령령으로 정한다.
⑤ 노동위원회는 최초의 구제명령을 한 날을 기준으로 매년 2회의 범위에서 구제명령이 이행될 때까지 반복하여 제1항에 따른 이행강제금을 부과·징수할 수 있다. 이 경우 이행강제금은 2년을 초과하여 부과·징수하지 못한다.
⑥ 노동위원회는 구제명령을 받은 자가 구제명령을 이행하면 새로운 이

행강제금을 부과하지 아니하되, 구제명령을 이행하기 전에 이미 부과된 이행강제금은 징수하여야 한다.

⑦ 노동위원회는 이행강제금 납부의무자가 납부기한까지 이행강제금을 내지 아니하면 기간을 정하여 독촉을 하고 지정된 기간에 제1항에 따른 이행강제금을 내지 아니하면 국세 체납처분의 예에 따라 징수할 수 있다.

⑧ 근로자는 구제명령을 받은 사용자가 이행기한까지 구제명령을 이행하지 아니하면 이행기한이 지난 때부터 15일 이내에 그 사실을 노동위원회에 알려줄 수 있다.

☞ 조문해설 : 이행강제금이란, 사용자의 해고가 부당해고에 해당한다는 판정이 나온 이후에 사용자가 자신의 의무를 이행하지 않을 경우를 대비하여 부과하는 과태료 정도로 볼 수 있다. 이는 부당해고 구제명령에 대한 실효성을 확보하기 위해 마련된 장치이다. 사용자가 부당해고 구제명령을 이행하지 아니할 경우 노동위원회는 동 규정에 의거 최대 4회까지 이행강제금을 부과할 수 있다.

제34조(퇴직급여 제도) 사용자가 퇴직하는 근로자에게 지급하는 퇴직급여 제도에 관하여는 「근로자퇴직급여 보장법」이 정하는 대로 따른다.

☞ 조문해설 : 과거에는 근기법에서 퇴직금에 대한 내용을 규정하고 있

었으나, 퇴직연금의 도입 등을 이유로 별도의 「근로자퇴직급여 보장법」에서 이를 다루고 있다.

※ 참고 – 「근로자퇴직급여 보장법」 요약
퇴직금은 1년 이상 근속하고 퇴직하는 근로자에게 그 지급이 의무화되어 있으며, 퇴직연금과 퇴직금으로 구분된다. 퇴직연금이란 사용자가 매년 퇴직연금사업자인 금융기관에 일정한 금액 이상을 적립하고, 근로자는 퇴직한 후에 연금 또는 일시금으로 수령할 수 있도록 한 것을 말하고, 퇴직금이란 근로자가 퇴직하는 시점에 평균임금을 기준으로 사용자가 직접 근로자에게 지급하는 것을 말한다. 현재 새로 시작하는 사업에서는 퇴직연금제도를 의무적으로 도입해야 한다. 단, 퇴직연금제를 도입하지 않은 경우에는 평균임금을 기준으로 퇴직금을 지급해야 한다. 퇴직연금은 아래와 같이 구분된다.

① 확정급여형 (DB형) : 근로자가 받을 연금의 급여 수준이 사전에 확정되고, 사용자가 부담할 금액은 적립금 운용결과에 따라 변동될 수 있는 것을 말한다. 연금의 급여 수준이란 일시금을 기준으로 한 법정 퇴직금의 금액과 같은 금액을 의미한다. 이는 회사의 전체 근로자들에 대한 급여 수준을 통합적으로 관리하기 때문에 중도인출, 즉 중간정산이 불가하고, 각각의 근로자에 대한 개별계좌가 존재하지 않으며, 사용자의 운용결과에 따라 법정 퇴직금보다 적은 금액으로

도 퇴직 근로자에게 법정 퇴직금 이상의 금액을 지급할 수 있게 되는 효과가 있다.

② 확정기여형 (DC형) : 사용자가 부담해야 할 금액이 확정되고, 근로자가 받을 급여 수준이 적립금 운용결과에 따라 변동될 수 있는 것을 말한다. 부담해야 할 금액이란 해당 근로자의 연간 임금총액의 1/12 이상인 금액을 의미한다. 이는 근로자 개인별로 적립금을 운용하는 관리이기 때문에 법령에서 정하는 바에 따라 중도인출이 가능하고, 각각의 근로자에 대한 개별계좌가 존재하며, 근로자의 운용결과에 따라 지급받게 될 퇴직연금의 수준이 달라질 수 있다.

③ 개인형퇴직연금제도 : 퇴직급여를 일시금으로 수령하거나, 퇴직연금제도의 가입자가 자기의 부담으로 개인형퇴직연금제도를 추가로 설정하거나 하는 등의 경우에는 본인의 신청에 의해 개인형퇴직연금제도를 설정할 수 있다.

「근로자퇴직급여 보장법」에 따라 근로자는 퇴직금 중간정산을 신청할 수 있고, 동법 시행령에서 그 사유를 다음과 같이 규정하고 있다. 아래의 사유에 해당하지 않는 이유로 중간정산을 실시하는 경우에는 적법한 중간정산이 아닌 것으로 판단하기 때문에 주의해야 한다. 사용자가 아래의 사유로 중간정산을 실시하는 경우에는 관련서류를 반드시 보존해야 한다. 보존기간은 근로자 퇴직일로부터 5년간이다.

1. 무주택자인 근로자가 본인 명의로 주택을 구입하는 경우

2. 무주택자인 근로자가 주거를 목적으로 「민법」 제303조에 따른 전세금 또는 「주택임대차보호법」 제3조의2에 따른 보증금을 부담하는 경우. 이 경우 근로자가 하나의 사업에 근로하는 동안 1회로 한정한다.
3. 6개월 이상 요양을 필요로 하는 다음 각 목의 어느 하나에 해당하는 사람의 질병이나 부상에 대한 요양 비용을 근로자가 부담하는 경우
   가. 근로자 본인
   나. 근로자의 배우자
   다. 근로자 또는 그 배우자의 부양가족
4. 퇴직금 중간정산을 신청하는 날부터 거꾸로 계산하여 5년 이내에 근로자가 「채무자 회생 및 파산에 관한 법률」에 따라 파산선고를 받은 경우
5. 퇴직금 중간정산을 신청하는 날부터 거꾸로 계산하여 5년 이내에 근로자가 「채무자 회생 및 파산에 관한 법률」에 따라 개인회생절차개시 결정을 받은 경우
6. 사용자가 기존의 정년을 연장하거나 보장하는 조건으로 단체협약 및 취업규칙 등을 통하여 일정나이, 근속시점 또는 임금액을 기준으로 임금을 줄이는 제도를 시행하는 경우
   6의2. 사용자가 근로자와의 합의에 따라 소정근로시간을 1일 1시간 또는 1주 5시간 이상 변경하여 그 변경된 소정근로시간에 따라 근로자가 3개월 이상 계속 근로하기로 한 경우
   6의3. 법률 제15513호 근로기준법 일부개정법률의 시행에 따른 근

로시간의 단축으로 근로자의 퇴직금이 감소되는 경우
7. 그 밖에 천재지변 등으로 피해를 입는 등 고용노동부장관이 정하여 고시하는 사유와 요건에 해당하는 경우

제35조 삭제

제36조(금품 청산) 사용자는 근로자가 사망 또는 퇴직한 경우에는 그 지급 사유가 발생한 때부터 14일 이내에 임금, 보상금, 그 밖에 일체의 금품을 지급하여야 한다. 다만, 특별한 사정이 있을 경우에는 당사자 사이의 합의에 의하여 기일을 연장할 수 있다. 〈3년 이하의 징역 또는 3천만원 이하의 벌금〉

☞ 조문해설 : 정당한 사유 없이 15일 이상 임금을 지급하지 않는 경우에는 동 조항에 따라 처벌받을 수 있게 된다. 실무상 편의를 위해 급여일에 임금과 퇴직금 등을 지급하는 경우가 있는데, 반드시 사직서 또는 확인서 등을 통해 '다음 급여일에 지급받을 것을 동의한다.'라는 확인을 받아두어야 한다.

제37조(미지급 임금에 대한 지연이자)
① 사용자는 제36조에 따라 지급하여야 하는 임금 및 「근로자퇴직급여 보장법」 제2조제5호에 따른 급여(일시금만 해당된다)의 전부 또는

일부를 그 지급 사유가 발생한 날부터 14일 이내에 지급하지 아니한 경우 그 다음 날부터 지급하는 날까지의 지연 일수에 대하여 연 100분의 40 이내의 범위에서 「은행법」에 따른 은행이 적용하는 연체금리 등 경제 여건을 고려하여 대통령령으로 정하는 이율에 따른 지연이자를 지급하여야 한다.

② 제1항은 사용자가 천재·사변, 그 밖에 대통령령으로 정하는 사유에 따라 임금 지급을 지연하는 경우 그 사유가 존속하는 기간에 대하여는 적용하지 아니한다.

☞ 조문해설 : 지연이자는 시행령에서 연 20%로 규정하고 있다. 단, 그 지급의무가 있는 임금에 대하여 법률상 다툼이 존재하는 경우에는 다툼 기간 동안 연간 5% 또는 6%의 지연이자가 적용된다.

제38조(임금채권의 우선변제)

① 임금, 재해보상금, 그 밖에 근로 관계로 인한 채권은 사용자의 총재산에 대하여 질권(質權)·저당권 또는 「동산·채권 등의 담보에 관한 법률」에 따른 담보권에 따라 담보된 채권 외에는 조세·공과금 및 다른 채권에 우선하여 변제되어야 한다. 다만, 질권·저당권 또는 「동산·채권 등의 담보에 관한 법률」에 따른 담보권에 우선하는 조세·공과금에 대하여는 그러하지 아니하다.

② 제1항에도 불구하고 다음 각 호의 어느 하나에 해당하는 채권은 사

용자의 총재산에 대하여 질권·저당권 또는 「동산·채권 등의 담보에 관한 법률」에 따른 담보권에 따라 담보된 채권, 조세·공과금 및 다른 채권에 우선하여 변제되어야 한다.
1. 최종 3개월분의 임금
2. 재해보상금

☞ 조문해설 : 임금은 근로자의 주요 생계수단이기 때문에 법률적으로 그 지급에 대한 우선순위를 설정해 놓은 것이다. 동 조항은 기업에 여러 가지 채무가 쌓이고 이를 정상적으로 지급하지 못하는 상황이 되었을 때 ―도산이나 청산 절차 등― 회사가 보유하고 있는 재산 중에서 근로자의 최종 3개월분의 임금과 재해보상금 그리고 「근로자퇴직급여 보장법」에 의한 최종 3년간의 퇴직금은 다른 채무에 우선하여 변제하도록 하는 효력을 지니고 있다. 다만, 실무적인 차원에서는 체당금이라는 제도를 통해 근로자의 임금채권을 보장하게 된다. 체당금 역시 최종 3개월분의 임금과 최종 3년간의 퇴직금을 근로자의 연령별 상한액 한도 내에서 국가가 우선적으로 지급하게끔 되어 있다. (재해보상금은 보통 산업재해 보상을 통해 보장받는다.)

※ 체당금이란 : 근로자가 기업 도산 등을 이유로 임금이나 퇴직금을 받지 못할 경우, 근로복지공단이 사업주를 대신하여 일정한 한도 내에서 우선적으로 지급해주는 돈을 말한다. 도산 등에 대한 구체적인 사유는,

회생절차개시의 결정이 있는 경우, 파산선고의 결정이 있는 경우, 고용노동부장관이 대통령령으로 정한 요건과 절차에 따라 미지급 임금 등을 지급할 능력이 없다고 인정하는 경우이다. 최근에는 체당금 중 일부를 신속히 지급할 수 있도록 한 소액체당금제도를 추가하여 운영 중이다.

제39조(사용증명서)
① 사용자는 근로자가 퇴직한 후라도 사용 기간, 업무 종류, 지위와 임금, 그 밖에 필요한 사항에 관한 증명서를 청구하면 사실대로 적은 증명서를 즉시 내주어야 한다. 〈5백만원 이하의 과태료〉
② 제1항의 증명서에는 근로자가 요구한 사항만을 적어야 한다. 〈5백만원 이하의 과태료〉

☞ 조문해설 : 흔히 말하는 경력증명서를 의미한다. 즉 기업은 퇴직한 근로자가 요청하는 경우에는 사실에 입각해서 근로자의 직무와 부서, 근속기간 등을 근로자가 요청한 사항을 중심으로 작성해서 교부해주어야 한다.

제40조(취업 방해의 금지) 누구든지 근로자의 취업을 방해할 목적으로 비밀 기호 또는 명부를 작성·사용하거나 통신을 하여서는 아니 된다. 〈5년 이하의 징역 또는 5천만원 이하의 벌금〉

☞ 조문해설 : 같은 업종 간 공유하고 있는 취업 블랙리스트와 같은 것을 의미한다. 이는 개인정보에 대한 동의 없는 공유, 유포에 해당하기도 하다.

제41조(근로자의 명부)
① 사용자는 각 사업장별로 근로자 명부를 작성하고 근로자의 성명, 생년월일, 이력, 그 밖에 대통령령으로 정하는 사항을 적어야 한다. 〈5백만원 이하의 과태료〉
② 제1항에 따라 근로자 명부에 적을 사항이 변경된 경우에는 지체 없이 정정하여야 한다. 〈5백만원 이하의 과태료〉

☞ 조문해설 : 실무적으로 관리하는 근로자에 대한 개인정보를 의미한다. 사대보험이나 근로소득세의 처리 등을 위해 필요한 개인정보를 보유하지 못하면 정상적인 업무처리를 할 수 없게 되기 때문이다. 직원관리 측면에서도 인사기록은 반드시 보유하고 있어야 한다. (제48조의 임금대장과 함께 관리하면 효율적이다.)

제42조(계약 서류의 보존) 사용자는 근로자 명부와 대통령령으로 정하는 근로계약에 관한 중요한 서류를 3년간 보존하여야 한다. 〈5백만원 이하의 과태료〉

☞ 조문해설 : 임금 지급 및 인사기록에 관한 주요 문서는 3년간 보존해야 한다. 실무적으로 세법과 관련된 중요 문서 ―근로소득세 관련 자료 등― 는 5년간 보존해야 한다.

제3장 임금

제43조(임금 지급)

① 임금은 통화(通貨)로 직접 근로자에게 그 전액을 지급하여야 한다. 다만, 법령 또는 단체협약에 특별한 규정이 있는 경우에는 임금의 일부를 공제하거나 통화 이외의 것으로 지급할 수 있다. 〈3년 이하의 징역 또는 3천만원 이하의 벌금〉

② 임금은 매월 1회 이상 일정한 날짜를 정하여 지급하여야 한다. 다만, 임시로 지급하는 임금, 수당, 그 밖에 이에 준하는 것 또는 대통령령으로 정하는 임금에 대하여는 그러하지 아니하다. 〈3년 이하의 징역 또는 3천만원 이하의 벌금〉

☞ 조문해설 : 이를 임금 지급에 관한 4가지 원칙(통화불, 직접불, 전액불, 정기불)이라고 표현한다. 통화불 원칙이란 임금은 현재 통용되고 있는 화폐로 지급해야 한다는 것이고, 직접불이란 임금은 반드시 근로자 본인에게 직접 지급해야 한다는 것이다. 다만, 근로자 본인이 지정한 은행계좌로 지급하거나, 불가피한 사정 등으로 본인이 아닌 사자 ―대리인이 아닌 단순 심부름꾼― 에게 지급하는 것은 가능하고, 임금채권이

법원의 결정에 의해 압류된 경우에는 예외적으로 근로자의 채권자에게 직접 지급해야 한다. 전액불이란 임금의 전액을 지급해야 한다는 것인데, 법률의 규정에 의한 근로소득세나 사대보험료 등은 공제 후 지급할 수 있고, 근로자가 개인적으로 사용자로부터 빌린 금전 등은 근로자의 동의를 얻어 임금에서 공제할 수 있다. 정기불이란 매월 1회 이상 일정한 날짜에 정하여 지급하는 것을 말하지만, 상여금 등 월 단위로 결정되지 않거나, 임시로 지급하는 임금에 대해서는 정기불 원칙이 적용되지 않는다.

제43조의2(체불사업주 명단 공개)
① 고용노동부장관은 제36조, 제43조, 제56조에 따른 임금, 보상금, 수당, 그 밖에 일체의 금품(이하 "임금등"이라 한다)을 지급하지 아니한 사업주(법인인 경우에는 그 대표자를 포함한다. 이하 "체불사업주"라 한다)가 명단 공개 기준일 이전 3년 이내 임금등을 체불하여 2회 이상 유죄가 확정된 자로서 명단 공개 기준일 이전 1년 이내 임금등의 체불총액이 3천만원 이상인 경우에는 그 인적사항 등을 공개할 수 있다. 다만, 체불사업주의 사망·폐업으로 명단 공개의 실효성이 없는 경우 등 대통령령으로 정하는 사유가 있는 경우에는 그러하지 아니하다.
② 고용노동부장관은 제1항에 따라 명단 공개를 할 경우에 체불사업주에게 3개월 이상의 기간을 정하여 소명 기회를 주어야 한다.

③ 제1항에 따른 체불사업주의 인적사항 등에 대한 공개 여부를 심의하기 위하여 고용노동부에 임금체불정보심의위원회(이하 이 조에서 "위원회"라 한다)를 둔다. 이 경우 위원회의 구성·운영 등 필요한 사항은 고용노동부령으로 정한다.

④ 제1항에 따른 명단 공개의 구체적인 내용, 기간 및 방법 등 명단 공개에 필요한 사항은 대통령령으로 정한다.

☞ 조문해설 : 동 조항에 해당하는 임금체불 사업주에 대한 정보는 고용노동부 홈페이지를 통해 확인해 볼 수 있다.

제43조의3(임금등 체불자료의 제공)

① 고용노동부장관은 「신용정보의 이용 및 보호에 관한 법률」 제25조제2항제1호에 따른 종합신용정보집중기관이 임금등 체불자료 제공일 이전 3년 이내 임금등을 체불하여 2회 이상 유죄가 확정된 자로서 임금등 체불자료 제공일 이전 1년 이내 임금등의 체불총액이 2천만원 이상인 체불사업주의 인적사항과 체불액 등에 관한 자료(이하 "임금등 체불자료"라 한다)를 요구할 때에는 임금등의 체불을 예방하기 위하여 필요하다고 인정하는 경우에 그 자료를 제공할 수 있다. 다만, 체불사업주의 사망·폐업으로 임금등 체불자료 제공의 실효성이 없는 경우 등 대통령령으로 정하는 사유가 있는 경우에는 그러하지 아니하다.

② 제1항에 따라 임금등 체불자료를 받은 자는 이를 체불사업주의 신용도·신용거래능력 판단과 관련한 업무 외의 목적으로 이용하거나 누설하여서는 아니 된다.
③ 제1항에 따른 임금등 체불자료의 제공 절차 및 방법 등 임금등 체불자료의 제공에 필요한 사항은 대통령령으로 정한다.

☞ 조문해설 : 생략

제44조(도급 사업에 대한 임금 지급)
① 사업이 여러 차례의 도급에 따라 행하여지는 경우에 하수급인(下受給人)이 직상(直上) 수급인의 귀책사유로 근로자에게 임금을 지급하지 못한 경우에는 그 직상 수급인은 그 하수급인과 연대하여 책임을 진다. 다만, 직상 수급인의 귀책사유가 그 상위 수급인의 귀책사유에 의하여 발생한 경우에는 그 상위 수급인도 연대하여 책임을 진다. 〈3년 이하의 징역 또는 3천만원 이하의 벌금〉
② 제1항의 귀책사유 범위는 대통령령으로 정한다.

☞ 조문해설 : 다음 조문해설 참고.

제44조의2(건설업에서의 임금 지급 연대책임)
① 건설업에서 사업이 2차례 이상 「건설산업기본법」 제2조제11호에 따

른 도급(이하 "공사도급"이라 한다)이 이루어진 경우에 같은 법 제2조제7호에 따른 건설사업자가 아닌 하수급인이 그가 사용한 근로자에게 임금(해당 건설공사에서 발생한 임금으로 한정한다)을 지급하지 못한 경우에는 그 직상 수급인은 하수급인과 연대하여 하수급인이 사용한 근로자의 임금을 지급할 책임을 진다. 〈3년 이하의 징역 또는 3천만원 이하의 벌금〉

② 제1항의 직상 수급인이 「건설산업기본법」 제2조제7호에 따른 건설사업자가 아닌 때에는 그 상위 수급인 중에서 최하위의 같은 호에 따른 건설사업자를 직상 수급인으로 본다.

☞ 조문해설 : 다음 조문해설 참고.

제44조의3(건설업의 공사도급에 있어서의 임금에 관한 특례)

① 공사도급이 이루어진 경우로서 다음 각 호의 어느 하나에 해당하는 때에는 직상 수급인은 하수급인에게 지급하여야 하는 하도급 대금 채무의 부담 범위에서 그 하수급인이 사용한 근로자가 청구하면 하수급인이 지급하여야 하는 임금(해당 건설공사에서 발생한 임금으로 한정한다)에 해당하는 금액을 근로자에게 직접 지급하여야 한다.

1. 직상 수급인이 하수급인을 대신하여 하수급인이 사용한 근로자에게 지급하여야 하는 임금을 직접 지급할 수 있다는 뜻과 그 지급 방법 및 절차에 관하여 직상 수급인과 하수급인이 합의한 경우

2. 「민사집행법」 제56조제3호에 따른 확정된 지급명령, 하수급인의 근로자에게 하수급인에 대하여 임금채권이 있음을 증명하는 같은 법 제56조제4호에 따른 집행증서, 「소액사건심판법」 제5조의7에 따라 확정된 이행권고결정, 그 밖에 이에 준하는 집행권원이 있는 경우

3. 하수급인이 그가 사용한 근로자에 대하여 지급하여야 할 임금채무가 있음을 직상 수급인에게 알려주고, 직상 수급인이 파산 등의 사유로 하수급인이 임금을 지급할 수 없는 명백한 사유가 있다고 인정하는 경우

② 「건설산업기본법」 제2조제10호에 따른 발주자의 수급인(이하 "원수급인"이라 한다)으로부터 공사도급이 2차례 이상 이루어진 경우로서 하수급인(도급받은 하수급인으로부터 재하도급 받은 하수급인을 포함한다. 이하 이 항에서 같다)이 사용한 근로자에게 그 하수급인에 대한 제1항제2호에 따른 집행권원이 있는 경우에는 근로자는 하수급인이 지급하여야 하는 임금(해당 건설공사에서 발생한 임금으로 한정한다)에 해당하는 금액을 원수급인에게 직접 지급할 것을 요구할 수 있다. 원수급인은 근로자가 자신에 대하여 「민법」 제404조에 따른 채권자대위권을 행사할 수 있는 금액의 범위에서 이에 따라야 한다.

③ 직상 수급인 또는 원수급인이 제1항 및 제2항에 따라 하수급인이 사용한 근로자에게 임금에 해당하는 금액을 지급한 경우에는 하수급인에 대한 하도급 대금 채무는 그 범위에서 소멸한 것으로 본다.

☞ 조문해설 : 건설업 또는 건설업과 유사한 형태의 업종 ―사내하청, 외주생산 등 협력업체를 통한 업무위탁의 규모가 상당한 경우― 에 해당하지 않는다면, 제44조부터 동 조문까지의 내용은 실무적으로 불필요하니 굳이 이해하지 않아도 상관없다. 건설업이라면 큰 틀에서의 내용은 다음과 같다. 우리 기업이 하수급업자에게 공사의 일부 또는 전부를 위탁한 경우로서, 위탁받은 하수급업자가 소속 근로자들에게 임금을 지급하지 못한 사유가 우리 기업이 하수급업자에게 공사대금 등을 지급하지 못한 것에 원인이 있다면, 우리 기업도 하수급업자의 소속 근로자들에 대한 임금 지급의무를 가지게 된다는 것이다. 과거 이와 같은 사례가 많아 하수급업자의 근로자들에 대한 임금보전 방안을 법률로써 보장해둔 것이다. 즉 우리 기업이 하수급자에게 지급해야 할 공사대금 등을 모두 지급했다면, 하수급업자의 근로자들에 대한 임금 지급의무를 가지지 않는다는 것이다. 하수급자에게 재하도급을 받은 기업에게도 동일하게 적용된다.

제45조(비상시 지급) 사용자는 근로자가 출산, 질병, 재해, 그 밖에 대통령령으로 정하는 비상(非常)한 경우의 비용에 충당하기 위하여 임금 지급을 청구하면 지급기일 전이라도 이미 제공한 근로에 대한 임금을 지급하여야 한다. 〈1천만원 이하의 벌금〉

☞ 조문해설 : 소위 가불을 의미한다. 다만, 현실에서는 사용자가 반드

시 승인해야 할 것은 아니기 때문에 큰 의미를 부여하는 조문으로 볼 수는 없겠으나, 제45조의 본문에 해당하거나, 대통령령에서 정하는 사유―출산, 질병, 재해, 혼인, 사망, 부득이한 사유로 1주 이상 귀향하는 경우― 가 발생하여 "이미 발생한 임금"을 청구하는 경우에는 반드시 이를 승인해주어야 한다.

제46조(휴업수당)

① 사용자의 귀책사유로 휴업하는 경우에 사용자는 휴업기간 동안 그 근로자에게 평균임금의 100분의 70 이상의 수당을 지급하여야 한다. 다만, 평균임금의 100분의 70에 해당하는 금액이 통상임금을 초과하는 경우에는 통상임금을 휴업수당으로 지급할 수 있다. 〈3년 이하의 징역 또는 3천만원 이하의 벌금〉

② 제1항에도 불구하고 부득이한 사유로 사업을 계속하는 것이 불가능하여 노동위원회의 승인을 받은 경우에는 제1항의 기준에 못 미치는 휴업수당을 지급할 수 있다.

☞ 조문해설 : 근로자에게 귀책사유가 존재하여 근로를 제공하지 못한다면 그 기간에는 당연히 임금이 발생하지 않는다. ―결근, 지각, 무급휴직 및 무급휴가 등― 이를 무노동 무임금 원칙이라 한다. 하지만, 근로자에게 귀책사유가 없음에도 불구하고 근로를 제공하지 못하는 것으로 인해 임금을 지급받지 못한다면, 근로자로서는 생계를 위협받게 되

는 상황이 발생하게 된다. 즉 사용자의 귀책사유로 인해 근로자가 출근하지 못하거나, 약정한 시간만큼 근로를 제공하지 못한다면 사용자는 근로자의 근로권을 침해하게 되기 때문에 이를 보호하기 위해 규정해 놓은 것이다. 휴업수당은 사업장 전체가 휴업하는 경우는 물론 사업장 일부가 휴업하는 경우와 특정 근로자에 대해 사용자가 취업을 거부하는 경우에도 적용된다. 아울러 1일 단위뿐만 아니라 시간 단위의 휴업도 인정된다. 사용자의 귀책사유에 해당하는 것은 다음과 같다. 법령 위반으로 인한 영업정지, 인테리어 공사를 위한 휴업, 일방적인 근무시간 단축이나 휴업 등. 단, 천재지변과 같이 사업주의 지배범위를 벗어나는 사유로 인한 것은 사용자에게 귀책사유가 있다고 판단치 않는다.

제47조(도급 근로자) 사용자는 도급이나 그 밖에 이에 준하는 제도로 사용하는 근로자에게 근로시간에 따라 일정액의 임금을 보장하여야 한다. 〈5백만원 이하의 벌금〉

☞ 조문해설 : 근로자에 해당한다면, 임금산정의 기준을 시간으로 정하든 업무량 또는 업무의 질로 정하든, 그 임금의 지급수준이 근로시간을 기준으로 하였을 때 최저임금 이상의 금액이 지급되어야 한다는 내용이다. 즉 임금의 결정과정은 ―도급 근로자가 아니더라도― 사용자와 근로자가 자유롭게 협의하여 정할 수 있겠지만, 결과적으로 보았을 때 근로시간을 기준으로 최저임금 이상의 금액이 지급되어야 한다는 것이다.

제48조(임금대장) 사용자는 각 사업장별로 임금대장을 작성하고 임금과 가족수당 계산의 기초가 되는 사항, 임금액, 그 밖에 대통령령으로 정하는 사항을 임금을 지급할 때마다 적어야 한다. 〈5백만원 이하의 과태료〉

☞ 조문해설 : 임금 대장에는 기본적으로 임금의 구성항목 및 그에 대한 계산근거 또는 기준, 지급할 임금에 대한 법정공제금 및 당사자 간에 약정한 공제금의 상세내역을 기입해두어야 한다. ([부록 1] 근기법 시행규칙 별지 임금 대장 표준서식) 실무적인 차원에서는, 제48조에서 규정한 내용을 하나의 임금 대장에 기재하기 곤란할 수도 있을 것이다. 특히나 급여프로그램 등 기업에서 사용하고 있는 ERP에서는 이를 모두 지원하지 않는 경우도 많이 있다. 그렇기 때문에 실무적으로 이를 보완하고자 한다면, 기업에서 사용 중인 임금 대장과 함께 급여계산에 기초가 되는 사항인 인적사항, 채용일, 직무, 근로시간, 사대보험료 내역 등을 출력해서 보존하는 것도 방법이 될 것이다. 일반적으로는 기업에서 사용 중인 임금 대장과 동 임금 대장에 기재된 근로자들에 대한 근로자 명부를 함께 보전하면 된다. [부록 2] 근기법 시행규칙 별지 근로자 명부 표준서식) [부록 2]는 근로자 개인별 명부를 표현한 것이고, 기업 상황에 맞게 이를 근로자 전체 명부로 가공하여 활용해도 된다.

제49조(임금의 시효) 이 법에 따른 임금채권은 3년간 행사하지 아니하면 시효로 소멸한다.

☞ 조문해설 : 월급이나 상여금, 연차유급휴가 수당은 그 지급일인 월급날부터 소멸시효가 진행되고, 퇴직금은 퇴직일로부터 소멸시효가 진행된다. 소멸시효가 모두 지나버린 것을 소멸시효가 완성되었다고 표현하며, 소멸시효가 완성되면, 그 권리는 사라지게 된다. 이를 법학적으로 '권리 위에 잠자는 자는 보호하지 않는다.'라고 표현한다. 즉 자신의 권리는 적극적으로 주장해야 한다는 것이다. 참고로 소멸시효는 소송의 제기 등이 있는 경우 새로이 진행된다.

제4장 근로시간과 휴식

제50조(근로시간)

① 1주 간의 근로시간은 휴게시간을 제외하고 40시간을 초과할 수 없다.
  〈2년 이하의 징역 또는 2천만원 이하의 벌금〉

② 1일의 근로시간은 휴게시간을 제외하고 8시간을 초과할 수 없다.
  〈2년 이하의 징역 또는 2천만원 이하의 벌금〉

③ 제1항 및 제2항에 따른 근로시간을 산정함에 있어 작업을 위하여 근로자가 사용자의 지휘·감독 아래에 있는 대기시간 등은 근로시간으로 본다. 〈2년 이하의 징역 또는 2천만원 이하의 벌금〉

☞ 조문해설 : 현재 주 40시간제가 시행 중이다. 근기법에는 주 5일제란 표현이 없기 때문에 주 6일 근무제를 채택하는 것도 가능하다. 대기시간은 휴게시간과 구별되는 것으로, 휴게시간은 사용자의 노무지휘권

에서 벗어나 근로자가 자유롭게 이용할 수 있는 시간이지만, 대기시간은 사용자의 노무지휘를 받기 위해 준비하고 있는 시간을 의미한다. 기타 근로를 제공하기 위해 필수적으로 수반되는 행위를 위한 시간은 근로시간으로 본다. ─작업복을 갈아입거나 작업도구를 준비하는 시간, 회의시간, 작업 후 정돈시간, 근로자의 참석이 의무화되어 있는 교육 및 단합대회 같은 시간 등─ 또한, 휴게시간은 근로자가 자유로이 활용할 수 있으나 작업환경의 유지를 위한 최소한의 장소적 제한은 가능하다.

제51조(탄력적 근로시간제)

① 사용자는 취업규칙(취업규칙에 준하는 것을 포함한다)에서 정하는 바에 따라 2주 이내의 일정한 단위기간을 평균하여 1주 간의 근로시간이 제50조제1항의 근로시간을 초과하지 아니하는 범위에서 특정한 주에 제50조제1항의 근로시간을, 특정한 날에 제50조제2항의 근로시간을 초과하여 근로하게 할 수 있다. 다만, 특정한 주의 근로시간은 48시간을 초과할 수 없다.

② 사용자는 근로자대표와의 서면 합의에 따라 다음 각 호의 사항을 정하면 3개월 이내의 단위기간을 평균하여 1주 간의 근로시간이 제50조제1항의 근로시간을 초과하지 아니하는 범위에서 특정한 주에 제50조제1항의 근로시간을, 특정한 날에 제50조제2항의 근로시간을 초과하여 근로하게 할 수 있다. 다만, 특정한 주의 근로시간은 52시간을, 특정한 날의 근로시간은 12시간을 초과할 수 없다.

1. 대상 근로자의 범위
    2. 단위기간(3개월 이내의 일정한 기간으로 정하여야 한다)
    3. 단위기간의 근로일과 그 근로일별 근로시간
    4. 그 밖에 대통령령으로 정하는 사항
③ 제1항과 제2항은 15세 이상 18세 미만의 근로자와 임신 중인 여성 근로자에 대하여는 적용하지 아니한다.
④ 사용자는 제1항 및 제2항에 따라 근로자를 근로시킬 경우에는 기존의 임금 수준이 낮아지지 아니하도록 임금보전방안(賃金補塡方案)을 강구하여야 한다.

☞ 조문해설 : 탄력적 근로시간제는 *2주 단위와 3개월 이내의 단위로 운영되는 두 가지 형태가 있으며*, 근기법에서는 이에 대한 각각의 요건을 구분하여 규정하고 있다. *2주 단위 탄력적 근로시간제를 도입하기 위해서는 사용자가 취업규칙을 통해 2주 단위 탄력적 근로시간제를 규정하면 된다. 2주 단위 탄력적 근로시간제는 2주 중 어느 한 주의 근로시간이 48시간을 초과하지 않아야 하고 2주간의 평균 근로시간이 40시간을 초과하지 않아야 한다. 3개월 이내의 탄력적 근로시간제를 도입하기 위해서는 사용자가 근로자대표와 서면으로 합의를 해야 한다. 3개월 이내의 탄력적 근로시간제는 특정주의 근로시간이 52시간을 초과하지 않고, 특정일의 근로시간이 12시간을 초과하지 않아야 하며* ―2주 단위에서는 특정일에 대한 근로시간 한도 규정이 없다.― 전체 단위기간 내

의 평균 근로시간이 1주 40시간을 초과하지 않아야 한다. 탄력적 근로시간제를 적법하게 도입하는 경우에는 특정일 또는 특정 주의 근로시간이 법정 소정근로시간을 초과하더라도 연장근로수당을 지급하지 않아도 된다. 하지만 탄력적 근로시간제를 도입하더라도 탄력적 근로시간을 초과하는 연장근로 자체가 금지되는 것은 아니기 때문에 한 주간 최대 12시간의 추가적인 연장근무가 가능하고, 이에 해당하는 연장근로는 연장근로수당으로 지급하면 된다. 일반적으로 탄력적 근로시간제는 특정시기 또는 예측 가능한 시기에 연장근로가 발생하는 기업에서 도입하는 것이 효과적일 것이다. 탄력적 근로시간제의 도입을 위한 운영 예시는 아래 표를 참고하기 바란다.

1. 2주 단위 탄력적 근로시간제에서의 소정근로시간 예시

1) 연장근로 없는 경우

	일	월	화	수	목	금	토	
1주차	0	8	8	8	8	0	0	주 32시간
2주차	0	8	8	8	8	8	8	주 48시간

⇒ 평균 40시간

2) 연장근로 있는 경우

	일	월	화	수	목	금	토	
1주차	0	8+2	8+2	8+2	8+2	0	0	주 32시간 +연장 08시간
2주차	0	8+2	8+2	8+2	8+2	8+2	8+2	주 48시간 +연장 12시간

⇒ 평균 40시간 + 연장 8~12시간

2. 3개월 이내의 단위기간 (아래 예는 8주)

1) 연장근로 없는 경우

	일	월	화	수	목	금	토	
1주차	0	8	8	8	8	8	0	주 40시간
2주차	0	8	8	8	8	8	8	주 48시간
3주차	0	7	7	7	7	7	0	주 35시간
4주차	0	9	9	9	9	9	7	주 52시간
5주차	0	9	9	9	9	9	7	주 52시간
6주차	0	6	6	6	6	4	0	주 28시간
7주차	0	6	6	6	6	4	0	주 28시간
8주차	0	8	8	7	7	7	0	주 37시간

⇒ 평균 40시간

2) 연장근로 있는 경우

	일	월	화	수	목	금	토	
1주차	0	8+2	8+2	8+2	8+2	8+2	0	주 40시간 +연장 10시간
2주차	0	8+2	8+2	8+2	8+2	8+2	8+2	주 48시간 +연장 12시간
3주차	0	7	7	7	7	7	0	주 35시간
4주차	0	9+2	9+2	9+2	9+2	9+2	7+2	주 52시간 +연장 12시간
5주차	0	9+2	9+2	9+2	9+2	9+2	7+2	주 52시간 +연장 12시간
6주차	0	6	6	6	6	4	0	주 28시간
7주차	0	6	6	6	6	4	0	주 28시간
8주차	0	8	8	7	7	7	0	주 37시간

⇒ 평균 40시간 + 연장 0~12시간

제52조(선택적 근로시간제) 사용자는 취업규칙(취업규칙에 준하는 것을 포함한다)에 따라 업무의 시작 및 종료 시각을 근로자의 결정에 맡기기로 한 근로자에 대하여 근로자대표와의 서면 합의에 따라 다음 각 호의 사항을 정하면 1개월 이내의 정산기간을 평균하여 1주간의 근로시간이

제50조제1항의 근로시간을 초과하지 아니하는 범위에서 1주간에 제50조제1항의 근로시간을, 1일에 제50조제2항의 근로시간을 초과하여 근로하게 할 수 있다.

1. 대상 근로자의 범위(15세 이상 18세 미만의 근로자는 제외한다)
2. 정산기간(1개월 이내의 일정한 기간으로 정하여야 한다)
3. 정산기간의 총 근로시간
4. 반드시 근로하여야 할 시간대를 정하는 경우에는 그 시작 및 종료 시각
5. 근로자가 그의 결정에 따라 근로할 수 있는 시간대를 정하는 경우에는 그 시작 및 종료 시각
6. 그 밖에 대통령령으로 정하는 사항

☞ 조문해설 : 선택적 근로시간제는 기업의 결정에 따라 자유롭게 도입할 수 있다. 도입 요건은 근로자 대표와 서면으로 합의를 해야 하고, 서면 합의에는 선택적 근로시간제를 적용할 대상 근로자의 범위, 1개월 이내의 정산기간 및 그 기간 동안의 총 근로시간, 선택적 근로시간제를 운영하기 위한 시작시간과 종료시간 그리고 의무 근로시간대를 정하는 경우 ―정하지 않는 경우에는 불필요― 그 시간을 기재하여야 한다. 유연근무시간제의 일종이며, 기업이 개별근로자의 근로시간을 설정하는 경우에는 근로계약서를 통해 그 시간을 기재하면 되겠지만, 그 운영시간에 재량권을 부여하거나, 기업전체 또는 집단차원에 재량권을 부여하고 이를 통해 근로시간의 유연성과 연장근로 관리의 간소화 등을 꾀한

다만 반드시 근로자 대표와 서면합의를 이행해야 한다. 근기법에서 규정한 선택적 근로시간제를 도입한 경우에는 정산기간 동안 평균하여 하루 8시간, 한 주 40시간을 초과하지 않으면 법정 연장근로수당을 지급하지 않아도 된다. 탄력적 근로시간제와 마찬가지로 추가적인 연장근로가 발생하게 되면 그에 따른 연장근로수당을 지급해야 한다.

※ 탄력적 근로시간제나 선택적 근로시간제는 모두 간헐적 혹은 주기적으로 발생할 수 있는 연장근로시간에 대한 유연성을 발휘하기 위해 규정된 것이다. 이를 적법하게 도입하더라도 야간이나 휴일에 발생하는 근로에 대해서까지 법정수당을 지급하지 않아도 되는 것은 아니다. 즉 탄력적 근로시간제나 선택적 근로시간제를 적법하게 도입하더라도 야간이나 휴일에 발생하는 근로에 대해서는 반드시 야간근로수당이나 휴일근로수당을 지급해야 한다.

제53조(연장 근로의 제한)
① 당사자 간에 합의하면 1주 간에 12시간을 한도로 제50조의 근로시간을 연장할 수 있다. 〈2년 이하의 징역 또는 2천만원 이하의 벌금〉
② 당사자 간에 합의하면 1주 간에 12시간을 한도로 제51조의 근로시간을 연장할 수 있고, 제52조제2호의 정산기간을 평균하여 1주 간에 12시간을 초과하지 아니하는 범위에서 제52조의 근로시간을 연장할 수 있다. 〈2년 이하의 징역 또는 2천만원 이하의 벌금〉

③ 상시 30명 미만의 근로자를 사용하는 사용자는 다음 각 호에 대하여 근로자대표와 서면으로 합의한 경우 제1항 또는 제2항에 따라 연장된 근로시간에 더하여 1주 간에 8시간을 초과하지 아니하는 범위에서 근로시간을 연장할 수 있다. 〈2년 이하의 징역 또는 2천만원 이하의 벌금〉

　1. 제1항 또는 제2항에 따라 연장된 근로시간을 초과할 필요가 있는 사유 및 그 기간

　2. 대상 근로자의 범위

④ 사용자는 특별한 사정이 있으면 고용노동부장관의 인가와 근로자의 동의를 받아 제1항과 제2항의 근로시간을 연장할 수 있다. 다만, 사태가 급박하여 고용노동부장관의 인가를 받을 시간이 없는 경우에는 사후에 지체 없이 승인을 받아야 한다. 〈5백만원 이하의 벌금〉

⑤ 고용노동부장관은 제4항에 따른 근로시간의 연장이 부적당하다고 인정하면 그 후 연장시간에 상당하는 휴게시간이나 휴일을 줄 것을 명할 수 있다.

⑥ 제3항은 15세 이상 18세 미만의 근로자에 대하여는 적용하지 아니한다. 〈신설 2018. 3. 20.〉

[법률 제15513호(2018. 3. 20.) 부칙 제2조의 규정에 의하여 이 조 제3항 및 제6항은 2022년 12월 31일까지 유효함.]

[시행일 : 2021. 7. 1.] 제53조제3항, 제53조제6항

☞ 조문해설 : 소정근로시간 또는 적법하게 도입한 탄력적 근로시간제 또는 선택적 근로시간제를 초과하여 근로하는 것을 의미한다. 이를 O/T(Over Time)라 표현하기도 한다. 최근 개정된 내용에는 상시 근로자 수 30인 미만 사업장에 대한 특칙을 두었는데, ―근로자 수 50인 미만 5인 이상 사업장의 주 52시간제는 2021년 7월부터 적용되지만, 30인 미만 사업장에 한하여 주 52시간제 도입으로 인한 기업부담을 줄이고자 그 적용시점을 연기할 수 있도록 하였다.― 이에 해당하는 기업은 근로자대표와 서면 합의를 통해 2022년 12월 31일까지 한 주간 연장근로 한도를 최대 20시간까지 시행할 수 있도록 하였다. 서면 합의에는 한 주간 12시간을 초과하는 연장근로가 필요한 사유와 그 기간, 한 주간 12시간을 초과하여 연장근로를 실시하게 되는 대상 근로자의 범위(직무, 부서 등)를 기재해야 한다.

※ 포괄임금제란 : 현행 근기법에서는 연장근로 등에 대한 임금 지급 기준을 통상임금으로 규정하고 있다. 통상임금은 시·주·월 단위로 사전에 정해지는 것이기 때문에 연장근로 등이 발생하게 되면 통상임금을 기준으로 추가적인 수당을 별도로 가산하여 지급하는 것이 원칙이나, 업무상 편의 등을 위해 근로자의 총 근로시간 또는 예상되는 근로시간과 그 근로시간에 대한 급여 총액을 미리 약정하여 지급하는 방식으로 대신할 수 있으며 이를 포괄임금제라 칭한다. 포괄임금제하에서는 근로의 형태 및 업무의 성질 등에 따라 근로시간 등을 명확하게 산정하기 어

려운 경우에 법정수당 및 임금계산의 편의와 근로의욕을 고취하는 차원에서 매월 일정액의 연장근로수당 등을 지급하게 된다. 판례에서는 포괄임금제라 하더라도 근로자에게 불이익하지 않을 것을 전제조건으로 하여 이를 인정하고 있다. 즉 포괄임금제하에서 지급되는 법정수당이 실제의 근로에 비해 근로자에게 불이익하지 않은 경우에는 유효하겠지만, 실제의 근로에 비해 근로자에게 지급하는 급여액이 낮은 경우에는 무효라고 한다. 사전에 근로시간이 정해져 있고 그 시간이 소정근로시간을 초과하는 경우에는 예측할 수 있는 법정수당 등을 포함한 임금총액으로 포괄임금제를 유효하게 도입할 수 있겠지만, 사전에 정해진 근로시간이 법정 소정근로시간 이내임에도 단지 발생할지도 모르는 법정수당을 미리 지급 ―실제로는 지급하지 않으려고― 하기 위한 것이라면 적법한 포괄임금제라고 보기 어려울 것이다.

제54조(휴게)

① 사용자는 근로시간이 4시간인 경우에는 30분 이상, 8시간인 경우에는 1시간 이상의 휴게시간을 근로시간 도중에 주어야 한다. 〈2년 이하의 징역 또는 2천만원 이하의 벌금〉

② 휴게시간은 근로자가 자유롭게 이용할 수 있다. 〈2년 이하의 징역 또는 2천만원 이하의 벌금〉

☞ 조문해설 : 제50조 조문해설 참고.

제55조(휴일)

① 사용자는 근로자에게 1주에 평균 1회 이상의 유급휴일을 보장하여야 한다. 〈2년 이하의 징역 또는 2천만원 이하의 벌금〉

② 사용자는 근로자에게 대통령령으로 정하는 휴일을 유급으로 보장하여야 한다. 다만, 근로자대표와 서면으로 합의한 경우 특정한 근로일로 대체할 수 있다. 〈2년 이하의 징역 또는 2천만원 이하의 벌금〉

[시행일] 제55조제2항의 개정규정은 다음 각 호의 구분에 따른 날부터 시행한다.

1. 상시 300명 이상의 근로자를 사용하는 사업 또는 사업장, 「공공기관의 운영에 관한 법률」 제4조에 따른 공공기관, 「지방공기업법」 제49조 및 같은 법 제76조에 따른 지방공사 및 지방공단, 국가·지방자치단체 또는 정부투자기관이 자본금의 2분의 1 이상을 출자하거나 기본재산의 2분의 1 이상을 출연한 기관·단체와 그 기관·단체가 자본금의 2분의 1 이상을 출자하거나 기본재산의 2분의 1 이상을 출연한 기관·단체, 국가 및 지방자치단체의 기관: 2020년 1월 1일

2. 상시 30명 이상 300명 미만의 근로자를 사용하는 사업 또는 사업장: 2021년 1월 1일

3. 상시 5인 이상 30명 미만의 근로자를 사용하는 사업 또는 사업장: 2022년 1월 1일

☞ 조문해설 : 근기법 제55조에 따른 유급주휴일과 근로자의 날을 법정휴일이라고 하고, 기타 사용자가 임의로 지정한 휴일(창립기념일 등 기타 회사가 임의로 지정한 휴일)을 약정휴일이라 한다. 법정휴일에 근로를 제공하게 되면 휴일근로수당을 추가로 가산하여 지급해야 하나, 약정휴일의 경우에는 사용자 재량으로 유급, 무급을 결정할 수 있다. 근로자의 날과 유급주휴일을 제외한 빨간 날, 즉 관공서에 관한 휴일(국경일)은 얼마 전까지만 해도 근로자들에게 의무적으로 부여해야 하는 유급휴일은 아니었다. 동 조문의 개정으로 인해 상시 300인 이상의 근로자를 사용하는 사업 또는 사업장 및 공공기관 등은 2020년도부터, 30인 이상 300인 미만 사업장에는 2021년도부터, 5인 이상 30인 미만 사업장에는 2022년도부터 국경일이 유급휴일로 적용된다.

※ 휴일과 비슷한 개념으로 휴무일이라는 것이 있다. 두 가지 모두 근로제공의 의무가 없다는 점에선 동일하나, ―이견이 존재하지만 쉽게 설명하자면― 휴일은 법률에 의해 정해져 있으며 휴일의 근로는 휴일근로로 간주하게 되지만, 휴무일은 법률이 아닌 노사관계 당사자 간의 약정에 의해 정할 수 있으며 휴무일의 근로는 연장근로로 간주하게 된다는 점에 차이가 있다. 이를 각각 유급과 무급으로 구분해 볼 수도 있으며 법률에서 유급으로 정한 주휴일과 근로자의 날 등을 제외한 날들에 대해서는 기업에서 자유롭게 정할 수 있다.

제56조(연장 · 야간 및 휴일 근로)

① 사용자는 연장근로(제53조 · 제59조 및 제69조 단서에 따라 연장된 시간의 근로를 말한다)에 대하여는 통상임금의 100분의 50 이상을 가산하여 근로자에게 지급하여야 한다. 〈3년 이하의 징역 또는 3천만원 이하의 벌금〉

② 제1항에도 불구하고 사용자는 휴일근로에 대하여는 다음 각 호의 기준에 따른 금액 이상을 가산하여 근로자에게 지급하여야 한다. 〈3년 이하의 징역 또는 3천만원 이하의 벌금〉

　1. 8시간 이내의 휴일근로: 통상임금의 100분의 50

　2. 8시간을 초과한 휴일근로: 통상임금의 100분의 100

③ 사용자는 야간근로(오후 10시부터 다음 날 오전 6시 사이의 근로를 말한다)에 대하여는 통상임금의 100분의 50 이상을 가산하여 근로자에게 지급하여야 한다. 〈3년 이하의 징역 또는 3천만원 이하의 벌금〉

☞ 조문해설 : 근로자가 연장(일일 8시간 또는 한 주 40시간을 초과하는 근로), 야간(밤 10시부터 익일 오전 6시 사이의 근로), 휴일(법정휴일 및 약정휴일) 근로를 수행하는 경우, 사용자는 각각의 시간에 대하여 통상임금의 50% 이상을 가산한 임금을 해당 근로자에게 지급하여야 한다. 단, 8시간을 초과하는 휴일근로에 대해서는 *100%를 가산하여 지급―휴일근로이면서 연장근로이므로― 해야 한다.* 이를 법정수당이라고 표현한다.

※ 얼마 전까지만 해도 이미 주 40시간을 초과한 상태에서의 휴일근로가 연장근로에 해당하느냐 해당하지 않느냐에 대한 논란이 있었다. 최근 근기법의 개정을 통해 이러한 논란을 해결하였는데, 관련 조문이 바로 한 주를 7일로 규정한 제2조의 정의 조항과 8시간 이내의 휴일근로에 대해선 통상임금의 50%를 가산한다고 명시한 제56조 제2항이 바로 그것이다. 특히 제56조의 개정을 통해 이미 주 40시간을 근로했거나 초과한 상태의 휴일근로라 하더라도 8시간 이내까지는 50%의 가산을 적용하고, 8시간을 초과하는 시간부터는 100%를 가산하도록 명문화하여 논란을 잠재웠다는 데 그 의의가 있다. 물론 이 경우에도 야간근로에 해당한다면 야간근로수당이 가산되어야 한다.

제57조(보상 휴가제) 사용자는 근로자대표와의 서면 합의에 따라 제56조에 따른 연장근로·야간근로 및 휴일근로에 대하여 임금을 지급하는 것을 갈음하여 휴가를 줄 수 있다.

☞ 조문해설 : 근로자대표와의 서면합의가 있는 경우에는 통상임금의 50% 이상을 가산한 임금에 갈음하는 시간에 대한 휴가를 부여할 수 있다. 즉 한 시간의 연장근로에 대한 보상휴가는 1.5시간 이상으로 부여해야 한다는 것이다.

※ 법정수당 계산 예시

1) 연장근로만 발생한 경우

	일	월	화	수	목	금	토	
소정근로	0	8	8	8	8	8	0	주 40시간
연장근로	0	2	1	0	1	2	0	주 6시간

⇒ 한 주간 총 연장근로 6시간 + (6시간 × 50%) = 9시간급 추가 지급

2) 야간근로만 발생한 경우
   (근로시간 자체가 야간근로에 해당하는 경우)

	일	월	화	수	목	금	토	
소정근로	0	8	8	8	8	8	0	주 40시간
야간근로	0	8	6	6	8	6	0	주 34시간

⇒ 한 주간 총 야간근로 34시간 × 50% = 17시간급 추가 지급

☞ 연장근로는 소정근로와 별개로 발생하는 것이기 때문에 결과적으로 1.5배를 가산하지만, 야간근로는 소정근로 또는 연장근로와 함께 발생하는 것이기 때문에 0.5배를 가산한다.

3) 연장과 야간이 함께 발생한 경우

	일	월	화	수	목	금	토	
소정근로	0	8	8	8	8	8	0	주 40시간
연장근로	0	5	1	0	1	5	0	주 12시간
야간근로	0	1	0	0	0	1	0	주 2시간

⇒ 한 주간 총 연장근로 12시간 × 1.5 + 한 주간 총 야간근로 2시간 × 0.5 = 19시간급 추가 지급

4) 휴무일과 휴일 근로가 발생한 경우

	일	월	화	수	목	금	토	
소정근로	8	8	8	8	8	8	8	주 40시간
연장근로	2	0	0	0	0	0	2	주 12시간

(토요일을 휴무일, 일요일을 휴일이라 가정)

⇒ 한 주간 총 연장근로 10시간 × 1.5 + 휴일근로 8 × 1.5 + 2 × 2 = 31시간급 추가 지급

☞ 임금대장의 필수기재사항에는 임금의 계산근거가 있다. 임금의 계산근거란 해당 근로자의 근로시간 및 통상임금 등을 기준으로 어떠한 방식을 통해 각각의 수당이 얼마로 계산되었는지에 대한 것을 말한다. 실무적인 차원에서는 반드시 임금대장과 함께 연장, 야간, 휴일 근로에 대한 각각의 시간 또는 근거를 정리한 문서를 함께 보존하면 된다.

제58조(근로시간 계산의 특례)

① 근로자가 출장이나 그 밖의 사유로 근로시간의 전부 또는 일부를 사업장 밖에서 근로하여 근로시간을 산정하기 어려운 경우에는 소정근로시간을 근로한 것으로 본다. 다만, 그 업무를 수행하기 위하여 통상적으로 소정근로시간을 초과하여 근로할 필요가 있는 경우에는 그 업무의 수행에 통상 필요한 시간을 근로한 것으로 본다.

② 제1항 단서에도 불구하고 그 업무에 관하여 근로자대표와의 서면 합의를 한 경우에는 그 합의에서 정하는 시간을 그 업무의 수행에 통상 필요한 시간으로 본다.

③ 업무의 성질에 비추어 업무 수행 방법을 근로자의 재량에 위임할 필요가 있는 업무로서 대통령령으로 정하는 업무는 사용자가 근로자대표와 서면 합의로 정한 시간을 근로한 것으로 본다. 이 경우 그 서면 합의에는 다음 각 호의 사항을 명시하여야 한다.

1. 대상 업무
2. 사용자가 업무의 수행 수단 및 시간 배분 등에 관하여 근로자에게 구체적인 지시를 하지 아니한다는 내용
3. 근로시간의 산정은 그 서면 합의로 정하는 바에 따른다는 내용

④ 제1항과 제3항의 시행에 필요한 사항은 대통령령으로 정한다.

☞ 조문해설 : 제1항을 외근 간주근로시간제라 표현하고 제3항을 재량 간주근로시간제라 표현한다. 외근 간주근로시간제란 근로자의 외근업

무에 대한 근로시간을 통상적으로 그 업무에 필요한 시간 또는 근로자 대표와 서면 합의로 정한 시간을 근로한 것으로 간주하는 것이고, 재량 간주근로시간제란 ─재량 근로시간제라 표현하기도 함─ 근로기준법 시행령에서 규정한 직종에 종사하는 근로자들에 대해 그 업무의 수행방법을 당해 근로자의 재량에 위임할 필요가 있는 경우에는 근로자대표와 서면합의로 정한 시간을 근로한 것으로 간주하는 것을 말한다.

※ 근로기준법 시행령 제31조(재량근로의 대상업무)
법 제58조제3항 전단에서 "대통령령으로 정하는 업무"란 다음 각 호의 어느 하나에 해당하는 업무를 말한다.
1. 신상품 또는 신기술의 연구개발이나 인문사회과학 또는 자연과학분야의 연구 업무
2. 정보처리시스템의 설계 또는 분석 업무
3. 신문, 방송 또는 출판 사업에서의 기사의 취재, 편성 또는 편집 업무
4. 의복ㆍ실내장식ㆍ공업제품ㆍ광고 등의 디자인 또는 고안 업무
5. 방송 프로그램ㆍ영화 등의 제작 사업에서의 프로듀서나 감독 업무
6. 그 밖에 고용노동부장관이 정하는 업무

☞ 조문해설 : 이를 근기법 제52조의 선택적 근로시간제와 혼동하는 경우가 종종 있다. 선택적 근로시간제는 사용자와 근로자대표가 서면 합의를 통해 대상 근로자의 범위를 정하는 것이며, 재량 간주근로시간제

는 직무의 범위가 시행령에 규정되어 있다는 점에서 가장 큰 차이가 있다. 특히, 재량 간주근로시간제는 전문직 종사자들에게 적용되기 때문에 그들에 대한 재량권을 폭넓게 인정해주려는 취지가 반영된 것이다.

제59조(근로시간 및 휴게시간의 특례)
① 「통계법」 제22조제1항에 따라 통계청장이 고시하는 산업에 관한 표준의 중분류 또는 소분류 중 다음 각 호의 어느 하나에 해당하는 사업에 대하여 사용자가 근로자대표와 서면으로 합의한 경우에는 제53조제1항에 따른 주(週) 12시간을 초과하여 연장근로를 하게 하거나 제54조에 따른 휴게시간을 변경할 수 있다.
   1. 육상운송 및 파이프라인 운송업. 다만, 「여객자동차 운수사업법」 제3조제1항제1호에 따른 노선(路線) 여객자동차운송사업은 제외한다.
   2. 수상운송업
   3. 항공운송업
   4. 기타 운송관련 서비스업
   5. 보건업
② 제1항의 경우 사용자는 근로일 종료 후 다음 근로일 개시 전까지 근로자에게 연속하여 11시간 이상의 휴식 시간을 주어야 한다. 〈2년 이하의 징역 또는 2천만원 이하의 벌금〉

☞ 조문해설 : 이에 해당하는 업종의 사업은 근로자대표와 서면 합의를 통해 주 12시간을 초과하여 연장근로를 실시할 수 있거나, 4시간당 30분 이상의 휴게시간을 부여하지 않을 수 있다. 최근 법 개정을 통해 금융업이나 광고업, 영화제작업, 의료 및 위생사업 등이 제외되었다.

제60조(연차 유급휴가)

① 사용자는 1년간 80퍼센트 이상 출근한 근로자에게 15일의 유급휴가를 주어야 한다. 〈2년 이하의 징역 또는 2천만원 이하의 벌금〉

② 사용자는 계속하여 근로한 기간이 1년 미만인 근로자 또는 1년간 80퍼센트 미만 출근한 근로자에게 1개월 개근 시 1일의 유급휴가를 주어야 한다. 〈2년 이하의 징역 또는 2천만원 이하의 벌금〉

③ 삭제 〈2017. 11. 28.〉

④ 사용자는 3년 이상 계속하여 근로한 근로자에게는 제1항에 따른 휴가에 최초 1년을 초과하는 계속 근로 연수 매 2년에 대하여 1일을 가산한 유급휴가를 주어야 한다. 이 경우 가산휴가를 포함한 총 휴가 일수는 25일을 한도로 한다. 〈2년 이하의 징역 또는 2천만원 이하의 벌금〉

⑤ 사용자는 제1항부터 제4항까지의 규정에 따른 휴가를 근로자가 청구한 시기에 주어야 하고, 그 기간에 대하여는 취업규칙 등에서 정하는 통상임금 또는 평균임금을 지급하여야 한다. 다만, 근로자가 청구한 시기에 휴가를 주는 것이 사업 운영에 막대한 지장이 있는

경우에는 그 시기를 변경할 수 있다. 〈2년 이하의 징역 또는 2천만 원 이하의 벌금〉

⑥ 제1항 및 제2항을 적용하는 경우 다음 각 호의 어느 하나에 해당하는 기간은 출근한 것으로 본다.

1. 근로자가 업무상의 부상 또는 질병으로 휴업한 기간
2. 임신 중의 여성이 제74조제1항부터 제3항까지의 규정에 따른 휴가로 휴업한 기간
3. 「남녀고용평등과 일·가정 양립 지원에 관한 법률」 제19조제1항에 따른 육아휴직으로 휴업한 기간

⑦ 제1항부터 제4항까지의 규정에 따른 휴가는 1년간 행사하지 아니하면 소멸된다. 다만, 사용자의 귀책사유로 사용하지 못한 경우에는 그러하지 아니하다.

☞ 조문해설 : 연차유급휴가는 법문의 내용이 다소 복잡하게 기재되어 있기 때문에 실무적으로 오해하고 잘못 운영하는 경우가 상당히 많다. 필자는 위 조문을 근거로 아래 표를 통해 다시 설명하겠다. 연차유급휴가에서 가장 중요한 것은 만 1년 근속자에 대해 발생하는 연차유급휴가 일수가 26일이라는 것이다. 즉 1월 1일부터 12월 31일까지 근무하고 퇴직하는 근로자가 재직기간 동안 연차유급휴가를 하루도 사용치 아니하였을 때는 26일에 대한 연차유급휴가 수당을 지급해야 한다는 것이다. 연차유급휴가는 근로자가 신청하는 시기에 부여해야 하며 그 시

기가 사업 운영에 막대한 지장이 있는 경우에만 다른 날로 변경할 것을 요청할 수 있을 뿐이다. 만약 근로자들이 기업의 정상적인 운영을 방해할 목적으로 집단적으로 연차유급휴가를 신청한다면, 이는 불법적인 쟁의행위가 될 수도 있다. 하계휴가나 경조휴가는 연차유급휴가와 무관한 것으로 오해하는 경우도 있는데 이는 각 기업에서 규정하기 나름이다. 하계휴가나 경조휴가에 대한 내용은 근기법에 아무런 규정이 없기 때문이다. 즉 연차유급휴가에 대한 사용신청을 통해 하계휴가나 경조휴가를 부여해도 되고, 이와 별도로 연차유급휴가와 무관한 특별휴가의 형태로 규정하는 것도 가능하다. 가장 중요한 것은 근로자의 휴가사용에 대해서는 어떠한 형태로든 휴가신청서를 받아둔 이후에 휴가사용 내역을 정리해두어야 한다는 것이다.

※ 경조휴가는 기업에서 정하기 나름이다. 다만, 도의적인 측면이 있기 때문에 경조휴가나 경조비만큼은 가급적 여유 있게 인정해주는 것이 바람직하다.

※ 연차유급휴가 발생 요건

1) 법 조문 내용 정리

① 근속기간이 1년 미만인 근로자에게는 1개월 개근마다 1일의 연차유급휴가를 부여한다.

② 근속기간이 1년 이상인 근로자에게는 매 1년마다 15일의 연차유급휴가를 부여한다. 단, 출근율이 80퍼센트 미만인 경우에는 1개월 개근마다 1일의 연차유급휴가를 부여한다.

③ 근속기간이 3년 이상인 근로자에게는 1일의 연차유급휴가가 매 2년마다 추가로 부여된다. 즉 근로자가 입사한 후 4년차 때부터는 매 2년마다 1일씩 추가로 가산되고, 총 25일을 한도로 연차유급휴가 일수가 발생한다.

④ 연차유급휴가는 근로자가 청구한 시기에 주는 것이 원칙이나 그 시기에 휴가를 사용하게끔 하는 것이 사업운영에 막대한 지장이 있는 경우에는 그 시기를 변경할 수 있다.

☞ 근로자에게는 연차유급휴가에 대한 사용신청권이 있고, 사용자에게는 제한적으로 그 시기의 변경권이 존재한다.

⑤ 근로자가 연차유급휴가를 사용하는 시기에는 통상임금 또는 평균임금을 지급하여야 한다. 즉 연차휴가기간은 유급이므로

휴가 사용일의 일당을 제하지 못한다.
⑥ 근로자가 연차유급휴가를 1년간 사용하지 않으면 연차유급휴가의 사용 청구권은 소멸한다. 단, 미사용일수가 있는 경우에는 연차유급휴가의 수당청구권으로 변경된다. 즉 미사용일수가 있는 경우에는 사용자는 그 일수만큼의 연차유급휴가수당을 지급하여야 한다. 단, 사용자의 귀책사유로 인해 근로자가 연차유급휴가를 사용하지 못하였다면 소멸시효는 완성되지 아니한다.

☞ 연차유급휴가의 소멸시효는 1년이다. 하지만 연차유급휴가 수당청구권은 임금채권이기 때문에 소멸시효는 3년이다.

⑦ 연차유급휴가의 산정에 있어 근로자가 산업재해로 인해 휴업한 기간과 산전후 휴가기간은 출근한 것으로 보고 근로자의 출근율을 산정한다.

2) 계속 근속하는 근로자에 대한 연차유급휴가 정리
① 1년차 : 11일 (1개월 근속 시마다 다음월에 1일의 연차가 발생)
② 2년차, 3년차 : 각 15일 (연 단위로 발생. 이때부터 ①의 연차는 없음)

③ 4년차, 5년차 : 각 16일

④ 6년차, 7년차 : 각 17일

⑤ 8년차, 9년차 : 각 18일

… 총 25일을 한도로 2년마다 하루씩 증가

3) 입사일을 기준으로 연차유급휴가를 관리하는 경우
위 2)와 동일

4) 회계연도를 기준으로 연차유급휴가를 관리하는 경우
회계연도를 기준으로 연차유급휴가를 발생시킨다면 그 방식과 일수는 회사에서 자율적으로 정할 수 있다. 단, 법정일수와 크게 차이가 나면 곤란할 것이다. 그렇기 때문에 근로자가 퇴직하게 되면 입사일을 기준으로 계산한 법정 일수와 비교하여, 잔여분이 있다면 그 일수만큼 수당으로 보존해주어야 한다.

◆ 예시

초년도 – 매월 1일씩 발생

2년 차 – 매월 1일씩 발생

3년 차 – 15일

4년 차 – 15일

5년 차 – 16일

6년 차 – 16일

7년 차 – 17일

...

제61조(연차 유급휴가의 사용 촉진) 사용자가 제60조제1항 및 제4항에 따른 유급휴가의 사용을 촉진하기 위하여 다음 각 호의 조치를 하였음에도 불구하고 근로자가 휴가를 사용하지 아니하여 제60조제7항 본문에 따라 소멸된 경우에는 사용자는 그 사용하지 아니한 휴가에 대하여 보상할 의무가 없고, 제60조제7항 단서에 따른 사용자의 귀책사유에 해당하지 아니하는 것으로 본다.

1. 제60조제7항 본문에 따른 기간이 끝나기 6개월 전을 기준으로 10일 이내에 사용자가 근로자별로 사용하지 아니한 휴가 일수를 알려주고, 근로자가 그 사용 시기를 정하여 사용자에게 통보하도록 서면으로 촉구할 것
2. 제1호에 따른 촉구에도 불구하고 근로자가 촉구를 받은 때부터 10일 이내에 사용하지 아니한 휴가의 전부 또는 일부의 사용 시기를 정하여 사용자에게 통보하지 아니하면 제60조제7항 본문에 따른 기간이 끝나기 2개월 전까지 사용자가 사용하지 아니한 휴가의 사용 시기를 정하여 근로자에게 서면으로 통보할 것

☞ 조문해설 : 연차유급휴가 조문처럼 다소 복잡하기 때문에 아래 표에 정리해서 설명하겠다. 다만, 연차유급휴가 사용 촉진의 요건을 준수했다고 하더라도, 근로자가 해당일에 출근하여 실제 근로를 제공한 경우라면 연차유급휴가의 사용으로 볼 수 없을 것이다. 〈필자의 사견임을 밝힙니다.〉

※ 고용노동부 행정해석에 의하면 연차유급휴가 사용 촉진에 의한 연차유급휴가일에 근로자가 출근하는 경우에는 사용자가 명시적으로 노무 수령 거부 의사를 표시하여야지만 연차유급휴가 수당의 지급이 면제된다고 한다. 실제로 이러한 일이 발생한다면 기업이나 근로자나 모두 난감할 수밖에 없을 것이다. 이러한 문제로 인해 필자는 기업에서 연차유급휴가 사용촉진 제도를 도입하는 것에 대체로 반대하는 입장이다.

※ 연차유급휴가 사용 촉진 요건

1) 법 조문 내용 정리

① 연차유급휴가의 사용기간 만료시점 6개월 전부터 10일 이내의 기간에, 대상 근로자에 대한 미사용 연차유급휴가 일수와 함께 사용계획을 회신하도록 서면으로 통보한다.

② 사용자의 서면통보에도 불구하고 근로자가 10일 이내에 이를 회신하지 않거나 일부의 휴가일수를 누락한 채 통보하게 되면, 사용자는 대상 근로자의 연차유급휴가 사용기간 만료시점 2개월 전까지 남은 연차유급휴가 미사용 일수에 대해 그 사용시기를 지정하여 당해 근로자에게 서면으로 통보하여야 한다.

③ 이에 대한 조치를 취했음에도 불구하고 근로자가 자신의 연차유급휴가를 사용하지 아니하면, 사용자는 당해 근로자의 미사용연차유급휴가 일수에 대한 수당을 지급하지 않아도 된다.

제62조(유급휴가의 대체) 사용자는 근로자대표와의 서면 합의에 따라 제60조에 따른 연차 유급휴가일을 갈음하여 특정한 근로일에 근로자를 휴무시킬 수 있다.

☞ 조문해설 : 연차유급휴가는 당해 근로자의 신청에 따라 사용하게 되는 것이 원칙이지만, 사용자와 근로자대표 간의 서면 합의가 존재하는 경우에는 특정 근로일에 휴무를 시행함으로써 연차유급휴가의 사용으로 간주할 수 있게 된다. 주로 기업의 단체휴가나 특별휴가를 연차유급휴가로 대체하는 경우에 활용되기도 한다.

제63조(적용의 제외) 이 장과 제5장에서 정한 근로시간, 휴게와 휴일에 관한 규정은 다음 각 호의 어느 하나에 해당하는 근로자에 대하여는 적용하지 아니한다.
1. 토지의 경작·개간, 식물의 재식(栽植)·재배·채취 사업, 그 밖의 농림 사업
2. 동물의 사육, 수산 동식물의 채포(採捕)·양식 사업, 그 밖의 축산, 양잠, 수산 사업
3. 감시(監視) 또는 단속적(斷續的)으로 근로에 종사하는 자로서 사용자가 고용노동부장관의 승인을 받은 자
4. 대통령령으로 정하는 업무에 종사하는 근로자

☞ 조문해설 : 농림수산업 및 고용노동부 장관의 승인을 받은 감시·단속적 근로자에게는 연장근로와 휴일근로, 휴게 및 휴일에 관한 규정이 적용되지 않는다. 야간근로나 연차유급휴가 등에 관한 규정은 그대로 적용된다.

※ '감시적 근로에 종사하는 자'라 함은 수위, 경비원, 물품감시원 등과 같이 원칙적으로 단순한 감시업무를 주 업무로 하며 정신적, 육체적 피로가 적은 업무에 종사하는 자를 말한다. '단속적 근로에 종사하는 자'라 함은 기계수리공, 전기수리공, 보일러공, 취사부, 화물적하종사자 등과 같이 원칙적으로 근로의 형태가 간헐적, 단속적으로 이루어져 휴게시간

또는 대기시간이 많은 업무에 종사하는 자를 말한다. 이를 통칭하여 감단직이라 표현하는데, 제62조의 규정을 적용받기 위해선 반드시 고용노동부 장관의 승인을 얻어야 한다. 승인을 받지 못한 감단직은 제63조의 규정이 적용되지 아니한다.

제5장 여성과 소년

제64조(최저 연령과 취직인허증)

① 15세 미만인 자(「초·중등교육법」에 따른 중학교에 재학 중인 18세 미만인 자를 포함한다)는 근로자로 사용하지 못한다. 다만, 대통령령으로 정하는 기준에 따라 고용노동부장관이 발급한 취직인허증(就職認許證)을 지닌 자는 근로자로 사용할 수 있다. 〈2년 이하의 징역 또는 2천만원 이하의 벌금〉

② 제1항의 취직인허증은 본인의 신청에 따라 의무교육에 지장이 없는 경우에는 직종(職種)을 지정하여서만 발행할 수 있다.

③ 고용노동부장관은 거짓이나 그 밖의 부정한 방법으로 제1항 단서의 취직인허증을 발급받은 자에게는 그 인허를 취소하여야 한다.

☞ 조문해설 : '여성과 연소자의 근로는 특별한 보호를 받는다.'라는 「헌법」의 규정에 따라 근기법에서 이를 구체적으로 다루고 있다. 특히, 여성에 대해서는 「남녀고용평등과 일·가정 양립 지원에 관한 법률」, 이른바 모성보호법에서 더욱 구체적으로 규정하고 있다.

제65조(사용 금지)

① 사용자는 임신 중이거나 산후 1년이 지나지 아니한 여성(이하 "임산부"라 한다)과 18세 미만자를 도덕상 또는 보건상 유해·위험한 사업에 사용하지 못한다. 〈3년 이하의 징역 또는 3천만원 이하의 벌금〉

② 사용자는 임산부가 아닌 18세 이상의 여성을 제1항에 따른 보건상 유해·위험한 사업 중 임신 또는 출산에 관한 기능에 유해·위험한 사업에 사용하지 못한다. 〈3년 이하의 징역 또는 3천만원 이하의 벌금〉

③ 제1항 및 제2항에 따른 금지 직종은 대통령령으로 정한다.

☞ 조문해설 : 동법 시행령 제40조에 따른 임산부 등의 사용금지직종은 아래 표와 같다.

※ 근로기준법 시행령 [별표 4] 〈개정 2010.7.12〉

임산부 등의 사용금지직종(제40조 관련)

구분	사용금지직종
임신 중인 여성	1. 「산업안전기준에 관한 규칙」 제59조와 제60조에서 규정한 둥근톱으로서 지름 25센티미터 이상, 같은 규칙 제61조와 제62조에서 규정하는 띠톱으로서 풀리(Pulley)의 지름 75센티미터 이상의 기계를 사용하여 목재를 가공하는 업무 2. 「산업안전기준에 관한 규칙」 제5편제3장과 제4장에 따른 정전작업, 활선작업 및 활선 근접작업 3. 「산업안전기준에 관한 규칙」 제6편제2장제3절에서 규정한 통나무비계의 설치 또는 해체업무와 제6편제5장에 따른 건물 해체작업(지상에서 작업을 보조하는 업무를 제외한다) 4. 「산업안전기준에 관한 규칙」 제6편제3장제3절에서 규정하는 터널작업, 같은 규칙 제439조에 따른 추락위험이 있는 장소에서의 작업, 같은 규칙 제452조에 따른 붕괴 또는 낙하의 위험이 있는 장소에서의 작업 5. 「산업보건기준에 관한 규칙」 제58조제4호에 따른 진동작업 6. 「산업보건기준에 관한 규칙」 제69조제2호 및 제3호에 따른 고압작업 및 잠수작업

7. 「산업보건기준에 관한 규칙」 제108조에 따른 고열작업이나 한랭작업

8. 「원자력법」 제97조에 따른 방사선 작업 종사자 등의 피폭선량이 선량한도를 초과하는 원자력 및 방사선 관련 업무

9. 납, 수은, 크롬, 비소, 황린, 불소(불화수소산), 염소(산), 시안화수소(시안산), 2-브로모프로판, 아닐린, 수산화칼륨, 페놀, 에틸렌글리콜모노메틸에테르, 에틸렌글리콜모노에틸에테르, 에틸렌글리콜모노에틸에테르 아세테이트, 염화비닐, 벤젠 등 유해물질을 취급하는 업무

10. 사이토메갈로바이러스(Cytomegalovirus) · B형 간염 바이러스 등 병원체로 인하여 오염될 우려가 짙은 업무. 다만, 의사 · 간호사 · 방사선기사 등으로서 면허증을 소지한 자 또는 양성 중에 있는 자를 제외한다.

11. 신체를 심하게 펴거나 굽힌다든지 또는 지속적으로 쭈그려야 하거나 앞으로 구부린 채 있어야 하는 업무

12. 연속작업에 있어서는 5킬로그램 이상, 단속작업에 있어서는 10킬로그램 이상의 중량물을 취급하는 업무

13. 그 밖에 고용노동부장관이 「산업재해보상보험법」 제8조에 따른 산업재해보상보험및예방심의위원회(이하 "산업재해보상보험및예방심의위원회"라 한다. 이하 이 표에서 같다)의 심의를 거쳐 지정하여 고시하는 업무

산후 1년이 지나지 아니한 여성	1. 납, 비소를 취급하는 업무. 다만, 모유 수유를 하지 아니하는 여성으로서 본인이 취업 의사를 사업주에게 서면으로 제출한 경우에는 그러하지 아니한다. 2. 2-브로모프로판을 취급하거나 노출될 수 있는 업무 3. 그 밖에 고용노동부장관이 산업재해보상보험및예방 심의위원회의 심의를 거쳐 지정하여 고시하는 업무
임산부가 아닌 18세 이상인 여자	1. 2-브로모프로판을 취급하거나 노출될 수 있는 업무. 다만, 의학적으로 임신할 가능성이 전혀 없는 여성인 경우에는 그러하지 아니하다. 2. 그 밖에 고용노동부장관이 산업재해보상보험및예방 심의위원회의 심의를 거쳐 지정하여 고시하는 업무
18세 미만인 자	1. 「산업보건기준에 관한 규칙」 제69조제2호 및 제3호에 따른 고압작업 및 잠수작업 2. 「건설기계관리법」, 「도로교통법」 등에서 18세 미만인 자에 대하여 운전·조종면허 취득을 제한하고 있는 직종 또는 업종의 운전·조종업무 3. 「청소년보호법」 등 다른 법률에서 18세 미만 청소년의 고용이나 출입을 금지하고 있는 직종이나 업종 4. 교도소 또는 정신병원에서의 업무 5. 소각 또는 도살의 업무 6. 유류를 취급하는 업무(주유업무는 제외한다) 7. 2-브로모프로판을 취급하거나 노출될 수 있는 업무

	8. 그 밖에 고용노동부장관이 산업재해보상보험및예방 심의위원회의 심의를 거쳐 지정하여 고시하는 업무

제66조(연소자 증명서) 사용자는 18세 미만인 자에 대하여는 그 연령을 증명하는 가족관계기록사항에 관한 증명서와 친권자 또는 후견인의 동의서를 사업장에 갖추어 두어야 한다. 〈5백만원 이하의 과태료〉

☞ 조문해설 : 실무적 차원에서는 미성년자 고용 시 제66조에서 규정한 가족관계증명서 및 친권자 또는 후견인의 동의서와 함께 기업의 담당자나 관리자가 미성년자의 친권자 또는 후견인과 통화한 내용을 메모해 둔 문서를 함께 보존해 두는 것이 바람직하다. (통화메모 예시, 2020년 4월 5일 미성년자 김길동의 친권자인 부친 김갑동과 통화하였음. 김길동이 당사에 취업하는 것에 동의한 것을 확인함. 통화자 정성훈)

제67조(근로계약)
① 친권자나 후견인은 미성년자의 근로계약을 대리할 수 없다. 〈5백만원 이하의 벌금〉
② 친권자, 후견인 또는 고용노동부장관은 근로계약이 미성년자에게 불리하다고 인정하는 경우에는 이를 해지할 수 있다.
③ 사용자는 18세 미만인 자와 근로계약을 체결하는 경우에는 제17조

에 따른 근로조건을 서면으로 명시하여 교부하여야 한다. 〈5백만원 이하의 벌금〉

☞ 조문해설 : 미성년자는 우리 「민법」상 단독으로 정상적인 거래행위를 할 수 없기 때문에 규정된 내용이다. 몇 가지 예외사항들이 있지만, 근기법에 의한 예외가 바로 미성년자도 단독으로 근로계약을 체결할 수 있다는 것이다. 다만, 사회경험 등이 부족하기 때문에 친권자나 후견인 또는 고용노동부 장관이 미성년자에게 불리한 근로계약을 해지할 수 있다는 내용을 추가하였다. 미성년자 스스로도 근로계약을 해지할 수 있다.

제68조(임금의 청구) 미성년자는 독자적으로 임금을 청구할 수 있다.

☞ 조문해설 : 근로계약의 주체이기 때문에 당연히 임금청구권도 가지고 있는 것이다.

제69조(근로시간) 15세 이상 18세 미만인 자의 근로시간은 1일에 7시간, 1주에 35시간을 초과하지 못한다. 다만, 당사자 사이의 합의에 따라 1일에 1시간, 1주에 5시간을 한도로 연장할 수 있다. 〈2년 이하의 징역 또는 2천만원 이하의 벌금〉

☞ 조문해설 : 15세 이상 18세 미만인 미성년자의 소정근로시간은 1일

7시간, 1주 35시간이다. 이 시간을 초과하면 연장근로수당 ―통상임금의 50% 가산― 이 지급되어야 한다. 이 경우 연장근로의 한도는 1일 1시간, 1주 5시간이다.

제70조(야간근로와 휴일근로의 제한)
① 사용자는 18세 이상의 여성을 오후 10시부터 오전 6시까지의 시간 및 휴일에 근로시키려면 그 근로자의 동의를 받아야 한다. 〈2년 이하의 징역 또는 2천만원 이하의 벌금〉
② 사용자는 임산부와 18세 미만자를 오후 10시부터 오전 6시까지의 시간 및 휴일에 근로시키지 못한다. 다만, 다음 각 호의 어느 하나에 해당하는 경우로서 고용노동부장관의 인가를 받으면 그러하지 아니하다. 〈2년 이하의 징역 또는 2천만원 이하의 벌금〉
 1. 18세 미만자의 동의가 있는 경우
 2. 산후 1년이 지나지 아니한 여성의 동의가 있는 경우
 3. 임신 중의 여성이 명시적으로 청구하는 경우
③ 사용자는 제2항의 경우 고용노동부장관의 인가를 받기 전에 근로자의 건강 및 모성 보호를 위하여 그 시행 여부와 방법 등에 관하여 그 사업 또는 사업장의 근로자대표와 성실하게 협의하여야 한다. 〈5백만원 이하의 벌금〉

☞ 조문해설 : 여성과 미성년자에 대한 보호규정으로, 제70조에서 규정

한 동의와 청구는 반드시 문서의 형태로 기록 후 보존되어야 한다. 단, 18세 이상인 여성 근로자의 야간근로 및 휴일근로는 당사자의 동의만으로도 가능하지만, 임산부와 18세 미만자의 야간근로 및 휴일근로는 동조 제1항의 각호에 해당하는 경우로서 고용노동부 장관의 인가를 함께 얻어야 한다.

제71조(시간외근로) 사용자는 산후 1년이 지나지 아니한 여성에 대하여는 단체협약이 있는 경우라도 1일에 2시간, 1주에 6시간, 1년에 150시간을 초과하는 시간외근로를 시키지 못한다. 〈2년 이하의 징역 또는 2천만원 이하의 벌금〉

☞ 조문해설 : 출산 후 1년이 지나지 아니한 여성 근로자는 1일에 2시간, 1주에 6시간, 1년에 150시간을 초과하여 근로를 시키지 못한다. 절대적 안정이 필요한 시기이기 때문에 특별 보호규정을 마련한 것이다.

제72조(갱내근로의 금지) 사용자는 여성과 18세 미만인 자를 갱내(坑內)에서 근로시키지 못한다. 다만, 보건 · 의료, 보도 · 취재 등 대통령령으로 정하는 업무를 수행하기 위하여 일시적으로 필요한 경우에는 그러하지 아니하다. 〈3년 이하의 징역 또는 3천만원 이하의 벌금〉

☞ 조문해설 : 작업환경의 특수성으로부터 신체적으로 연약한 여성과

미성년자를 보호하기 위함이다.

제73조(생리휴가) 사용자는 여성 근로자가 청구하면 월 1일의 생리휴가를 주어야 한다. 〈5백만원 이하의 벌금〉

☞ 조문해설 : 과거에는 여성 근로자의 생리휴가는 유급이었으나, 주 40시간제가 도입되고 연차유급휴가와 관련된 규정이 개정되면서 무급으로 변경되었다. 반드시 '무급'으로 주어야 하는 것은 아니고, 기업의 재량에 따라 '유급'으로 부여하는 것도 가능하다.

제74조(임산부의 보호)
① 사용자는 임신 중의 여성에게 출산 전과 출산 후를 통하여 90일(한 번에 둘 이상 자녀를 임신한 경우에는 120일)의 출산전후휴가를 주어야 한다. 이 경우 휴가 기간의 배정은 출산 후에 45일(한 번에 둘 이상 자녀를 임신한 경우에는 60일) 이상이 되어야 한다. 〈2년 이하의 징역 또는 2천만원 이하의 벌금〉
② 사용자는 임신 중인 여성 근로자가 유산의 경험 등 대통령령으로 정하는 사유로 제1항의 휴가를 청구하는 경우 출산 전 어느 때라도 휴가를 나누어 사용할 수 있도록 하여야 한다. 이 경우 출산 후의 휴가 기간은 연속하여 45일(한 번에 둘 이상 자녀를 임신한 경우에는 60일) 이상이 되어야 한다. 〈2년 이하의 징역 또는 2천만원 이하의 벌금〉

③ 사용자는 임신 중인 여성이 유산 또는 사산한 경우로서 그 근로자가 청구하면 대통령령으로 정하는 바에 따라 유산·사산 휴가를 주어야 한다. 다만, 인공 임신중절 수술(「모자보건법」 제14조제1항에 따른 경우는 제외한다)에 따른 유산의 경우는 그러하지 아니하다. 〈2년 이하의 징역 또는 2천만원 이하의 벌금〉

④ 제1항부터 제3항까지의 규정에 따른 휴가 중 최초 60일(한 번에 둘 이상 자녀를 임신한 경우에는 75일)은 유급으로 한다. 다만, 「남녀고용평등과 일·가정 양립 지원에 관한 법률」 제18조에 따라 출산전후휴가급여 등이 지급된 경우에는 그 금액의 한도에서 지급의 책임을 면한다. 〈2년 이하의 징역 또는 2천만원 이하의 벌금〉

⑤ 사용자는 임신 중의 여성 근로자에게 시간외근로를 하게 하여서는 아니 되며, 그 근로자의 요구가 있는 경우에는 쉬운 종류의 근로로 전환하여야 한다. 〈2년 이하의 징역 또는 2천만원 이하의 벌금〉

⑥ 사업주는 제1항에 따른 출산전후휴가 종료 후에는 휴가 전과 동일한 업무 또는 동등한 수준의 임금을 지급하는 직무에 복귀시켜야 한다. 〈5백만원 이하의 벌금〉

⑦ 사용자는 임신 후 12주 이내 또는 36주 이후에 있는 여성 근로자가 1일 2시간의 근로시간 단축을 신청하는 경우 이를 허용하여야 한다. 다만, 1일 근로시간이 8시간 미만인 근로자에 대하여는 1일 근로시간이 6시간이 되도록 근로시간 단축을 허용할 수 있다. 〈5백만원 이하의 과태료〉

⑧ 사용자는 제7항에 따른 근로시간 단축을 이유로 해당 근로자의 임금을 삭감하여서는 아니 된다.
⑨ 제7항에 따른 근로시간 단축의 신청방법 및 절차 등에 필요한 사항은 대통령령으로 정한다.

☞ 조문해설 : 제75조 조문해설 참고.

제74조의2(태아검진 시간의 허용 등)
① 사용자는 임신한 여성근로자가 「모자보건법」 제10조에 따른 임산부 정기건강진단을 받는 데 필요한 시간을 청구하는 경우 이를 허용하여 주어야 한다.
② 사용자는 제1항에 따른 건강진단 시간을 이유로 그 근로자의 임금을 삭감하여서는 아니 된다.

☞ 조문해설 : 제75조 조문해설 참고.

제75조(육아 시간) 생후 1년 미만의 유아(乳兒)를 가진 여성 근로자가 청구하면 1일 2회 각각 30분 이상의 유급 수유 시간을 주어야 한다. 〈2년 이하의 징역 또는 2천만원 이하의 벌금〉

☞ 조문해설 : 모성보호에 관한 내용은 다소 복잡할 수 있기 때문에 아

래 표에 정리해서 설명하겠다.

※ 모성보호 관련 내용 요약

임산부의 보호 규정인 산전후휴가는 출산휴가로도 불리고 있으며, 이 역시 근기법에서는 다소 복잡하게 표현되어 있다. 이를 실무적으로 이해하기 쉽게 표현하자면, 출산하는 여성 근로자에게 총 90일의 산전후휴가를 부여하되 출산일 이후의 일수가 45일 이상이 확보되도록 해야 하며, 다태아의 경우에는 총 120일의 휴가(출산일 이후 60일 이상)를 부여해야 한다. 이 중 최초 60일은 유급(다태아의 경우 75일)이며, 통상임금을 전액 지원하되 근로자가 고용노동부로부터 산전후휴가급여를 지원받는 경우에는 그 금액만큼 지급의무가 면제된다. ─모성보호 관련 내용은 자주 변경되는 편이기 때문에 고용보험 홈페이지(https://www.ei.go.kr)를 통해 반드시 확인해보아야 한다.─

기타 임산부에 대한 보호 규정인 태아검진 시간, 육아시간, 그리고 「남녀고용평등 및 일·가정 양립지원에 관한 법률」에 따른 모성보호 규정은 자주 변경되는 내용이기 때문에 그때그때 관련 법을 찾아 그 내용을 확인해보아야 한다. 이에 관한 내용은 법조문이 곧 실무적인 지침을 제시하는 내용이니 생략하겠다.

※ 참고 – 산전후휴가급여 지원금 정리

1. 고용노동부 고용센터로부터 지원금을 받는 경우

1) 회사가 지급하는 금액과 기간
① 우선지원대상 기업 (대부분의 중소기업) : 최초 60일 동안 대상 근로자의 통상임금 전액 중 고용센터에서 지원하는 금액을 제외한 금액
② 대규모 기업 : 최초 60일 동안 대상 근로자의 통상임금 전액

2) 고용센타에서 근로자에게 지급하는 금액과 기간
① 우선지원대상 기업 : 90일 모두 지원 한도 내에서 지급
② 대규모 기업의 경우 : 나중 30일에 대한 기간만 지원 한도 내에서 지급

3) 근로자가 지급받는 금액 : 최초 60일(고용센터+회사) 동안은 통상임금 전액, 나중 30일 동안은 고용센터로부터 지급받는 지원 한도 이내의 금액

2. 고용노동부 고용센터로부터 지원금을 받지 못하는 경우
: 최초 60일 동안에 대한 통상임금 전액

3. 우선지원대상기업 (고용보험법 시행령 제12조)

① 제조업 500인 이하 사업장

② 광업 건설업 운수업 출판, 영상, 방송통신 및 정보 서비스업, 사업시설관리 및 사업지원 서비스업, 전문, 과학 및 기술 서비스업, 보건업 및 사회복지 서비스업 300인 이하 사업장

③ 도매 및 소매업, 숙박 및 음식점업, 금융 및 보험업, 예술, 스포츠 및 여가관련 서비스업 200인 이하 사업장

④ 기타 100인 이하 사업장

⑤ 중소기업기본법, 독점규제 및 공정거래에 관한 법률에 따른 상호출자제한기업집단 중 일정요건에 해당하는 기업

제6상 안전과 보건

제76조(안전과 보건) 근로자의 안전과 보건에 관하여는 「산업안전보건법」에서 정하는 바에 따른다.

☞ 조문해설 : 산업재해와 함께 설명.

제6장의2 직장 내 괴롭힘의 금지

제76조의2(직장 내 괴롭힘의 금지) 사용자 또는 근로자는 직장에서의

지위 또는 관계 등의 우위를 이용하여 업무상 적정범위를 넘어 다른 근로자에게 신체적 · 정신적 고통을 주거나 근무환경을 악화시키는 행위(이하 "직장 내 괴롭힘"이라 한다)를 하여서는 아니 된다.

☞ 조문해설 : 이른바 '직장 내 괴롭힘 방지법'이라고 불리는 조항이 바로 이것이다. 이미 사회적으로 이슈가 되어 다양한 방식으로 관련 내용과 기사를 접해보았을 것이다. 현실적으로 혼란을 줄 수 있는 것은 "직장에서의 지위 또는 관계 등의 우위를 이용하여 업무상 적정범위를 넘어 다른 근로자에게 신체적, 정신적 고통을 주거나 근무환경을 악화시키는 행위"에 대한 현실적인 경계선이 모호하다는 것이다. "업무상 적정범위"의 구체적인 경우를 법률로 규정하기가 상당히 어렵기 때문이다. 즉 근태불량이나 직무에 대한 불성실 혹은 직무수행 능력이나 태도 등을 이유로 지적하는 경우 어느 정도의 수준까지가 "업무상 적정범위" 내에 해당하는지 판단하는 기준 자체가 매우 주관적이라는 것이다. 물론 이에 대해서 고용노동부가 지침을 제시하긴 하였지만, 차후 소송으로까지 이어진다면 법원에서 어찌 판단할는지는 눈여겨볼 필요가 있을 것이다. 그렇기 때문에 직장 내 괴롭힘에 대한 문제는 기업에서 더욱 적극적으로 대응해야 할 것이다. 사내 분위기나 조직문화 등을 기반으로 직장 내 괴롭힘에 대한 내부적인 지침과 징계규정 등을 명확히 하여 업무상 과실 내지는 근태불량 등에 대한 책임을 구체화하여 각각의 징계 수위를 합리적으로 규정해두어야 하겠다. 다시 말해 직장 내 괴롭힘에 대한

대응은 사전 예방적인 측면에서 접근해야 한다.

제76조의3(직장 내 괴롭힘 발생 시 조치)

① 누구든지 직장 내 괴롭힘 발생 사실을 알게 된 경우 그 사실을 사용자에게 신고할 수 있다.

② 사용자는 제1항에 따른 신고를 접수하거나 직장 내 괴롭힘 발생 사실을 인지한 경우에는 지체 없이 그 사실 확인을 위한 조사를 실시하여야 한다.

③ 사용자는 제2항에 따른 조사 기간 동안 직장 내 괴롭힘과 관련하여 피해를 입은 근로자 또는 피해를 입었다고 주장하는 근로자(이하 "피해근로자등"이라 한다)를 보호하기 위하여 필요한 경우 해당 피해근로자등에 대하여 근무장소의 변경, 유급휴가 명령 등 적절한 조치를 하여야 한다. 이 경우 사용자는 피해근로자등의 의사에 반하는 조치를 하여서는 아니 된다.

④ 사용자는 제2항에 따른 조사 결과 직장 내 괴롭힘 발생 사실이 확인된 때에는 피해근로자가 요청하면 근무장소의 변경, 배치전환, 유급휴가 명령 등 적절한 조치를 하여야 한다.

⑤ 사용자는 제2항에 따른 조사 결과 직장 내 괴롭힘 발생 사실이 확인된 때에는 지체 없이 행위자에 대하여 징계, 근무장소의 변경 등 필요한 조치를 하여야 한다. 이 경우 사용자는 징계 등의 조치를 하기 전에 그 조치에 대하여 피해근로자의 의견을 들어야 한다.

⑥ 사용자는 직장 내 괴롭힘 발생 사실을 신고한 근로자 및 피해근로자 등에게 해고나 그 밖의 불리한 처우를 하여서는 아니 된다. 〈3년 이하의 징역 또는 3천만원 이하의 벌금〉

☞ 조문해설 : 직장 내 괴롭힘에 대한 문제는 반드시 "예방적인 측면"에서 접근해야 한다. 즉 평소에 원만한 직장 내 인간관계가 형성되어 있어야 한다.

제7장 기능 습득

제77조(기능 습득자의 보호) 사용자는 양성공, 수습, 그 밖의 명칭을 불문하고 기능의 습득을 목적으로 하는 근로자를 혹사하거나 가사, 그 밖의 기능 습득에 관계없는 업무에 종사시키지 못한다. 〈5백만원 이하의 벌금〉

☞ 조문해설 : 생략.

제8장 재해보상

제78조(요양보상)

① 근로자가 업무상 부상 또는 질병에 걸리면 사용자는 그 비용으로 필요한 요양을 행하거나 필요한 요양비를 부담하여야 한다. 〈2년 이하의 징역 또는 2천만원 이하의 벌금〉

② 제1항에 따른 업무상 질병과 요양의 범위 및 요양보상의 시기는 대통령령으로 정한다.

☞ 조문해설 : 산업재해가 발생하게 되면 근기법상 재해보상에 관한 규정보다 「산업재해보상보험법」의 규정이 우선하여 적용되므로 「산업재해보상보험법」의 내용을 따르는 것이 원칙이나, 예외적으로 「산업재해보상보험법」의 규정을 적용받지 못하는 경우에 한해 근기법의 재해보상이 적용된다. 그렇기 때문에 재해보상 관련 규정의 설명은 제92조 아래에서 「산업재해보상보험법」의 내용을 추가로 설명토록 하겠다.

제79조(휴업보상)
① 사용자는 제78조에 따라 요양 중에 있는 근로자에게 그 근로자의 요양 중 평균임금의 100분의 60의 휴업보상을 하여야 한다. 〈2년 이하의 징역 또는 2천만원 이하의 벌금〉
② 제1항에 따른 휴업보상을 받을 기간에 그 보상을 받을 자가 임금의 일부를 지급받은 경우에는 사용자는 평균임금에서 그 지급받은 금액을 뺀 금액의 100분의 60의 휴업보상을 하여야 한다.
③ 휴업보상의 시기는 대통령령으로 정한다.

제80조(장해보상)
① 근로자가 업무상 부상 또는 질병에 걸리고, 완치된 후 신체에 장해가

있으면 사용자는 그 장해 정도에 따라 평균임금에 별표에서 정한 일수를 곱한 금액의 장해보상을 하여야 한다. 〈2년 이하의 징역 또는 2천만원 이하의 벌금〉
② 이미 신체에 장해가 있는 자가 부상 또는 질병으로 인하여 같은 부위에 장해가 더 심해진 경우에 그 장해에 대한 장해보상 금액은 장해 정도가 더 심해진 장해등급에 해당하는 장해보상의 일수에서 기존의 장해등급에 해당하는 장해보상의 일수를 뺀 일수에 보상청구사유 발생 당시의 평균임금을 곱하여 산정한 금액으로 한다.
③ 장해보상을 하여야 하는 신체장해 등급의 결정 기준과 장해보상의 시기는 대통령령으로 정한다.

제81조(휴업보상과 장해보상의 예외) 근로자가 중대한 과실로 업무상 부상 또는 질병에 걸리고 또한 사용자가 그 과실에 대하여 노동위원회의 인정을 받으면 휴업보상이나 장해보상을 하지 아니하여도 된다.

제82조(유족보상)
① 근로자가 업무상 사망한 경우에는 사용자는 근로자가 사망한 후 지체 없이 그 유족에게 평균임금 1,000일분의 유족보상을 하여야 한다. 〈2년 이하의 징역 또는 2천만원 이하의 벌금〉
② 제1항에서의 유족의 범위, 유족보상의 순위 및 보상을 받기로 확정된 자가 사망한 경우의 유족보상의 순위는 대통령령으로 정한다.

제83조(장의비) 근로자가 업무상 사망한 경우에는 사용자는 근로자가 사망한 후 지체 없이 평균임금 90일분의 장의비를 지급하여야 한다. 〈2년 이하의 징역 또는 2천만원 이하의 벌금〉

제84조(일시보상) 제78조에 따라 보상을 받는 근로자가 요양을 시작한 지 2년이 지나도 부상 또는 질병이 완치되지 아니하는 경우에는 사용자는 그 근로자에게 평균임금 1,340일분의 일시보상을 하여 그 후의 이 법에 따른 모든 보상책임을 면할 수 있다.

제85조(분할보상) 사용자는 지급 능력이 있는 것을 증명하고 보상을 받는 자의 동의를 받으면 제80조, 제82조 또는 제84조에 따른 보상금을 1년에 걸쳐 분할보상을 할 수 있다.

제86조(보상 청구권) 보상을 받을 권리는 퇴직으로 인하여 변경되지 아니하고, 양도나 압류하지 못한다.

제87조(다른 손해배상과의 관계) 보상을 받게 될 자가 동일한 사유에 대하여 「민법」이나 그 밖의 법령에 따라 이 법의 재해보상에 상당한 금품을 받으면 그 가액(價額)의 한도에서 사용자는 보상의 책임을 면한다.

제88조(고용노동부장관의 심사와 중재)

① 업무상의 부상, 질병 또는 사망의 인정, 요양의 방법, 보상금액의 결정, 그 밖에 보상의 실시에 관하여 이의가 있는 자는 고용노동부장관에게 심사나 사건의 중재를 청구할 수 있다.

② 제1항의 청구가 있으면 고용노동부장관은 1개월 이내에 심사나 중재를 하여야 한다.

③ 고용노동부장관은 필요에 따라 직권으로 심사나 사건의 중재를 할 수 있다.

④ 고용노동부장관은 심사나 중재를 위하여 필요하다고 인정하면 의사에게 진단이나 검안을 시킬 수 있다.

⑤ 제1항에 따른 심사나 중재의 청구와 제2항에 따른 심사나 중재의 시작은 시효의 중단에 관하여는 재판상의 청구로 본다.

제89조(노동위원회의 심사와 중재)

① 고용노동부장관이 제88조제2항의 기간에 심사 또는 중재를 하지 아니하거나 심사와 중재의 결과에 불복하는 자는 노동위원회에 심사나 중재를 청구할 수 있다.

② 제1항의 청구가 있으면 노동위원회는 1개월 이내에 심사나 중재를 하여야 한다.

제90조(도급 사업에 대한 예외)

① 사업이 여러 차례의 도급에 따라 행하여지는 경우의 재해보상에 대하여는 원수급인(元受給人)을 사용자로 본다.
② 제1항의 경우에 원수급인이 서면상 계약으로 하수급인에게 보상을 담당하게 하는 경우에는 그 수급인도 사용자로 본다. 다만, 2명 이상의 하수급인에게 똑같은 사업에 대하여 중복하여 보상을 담당하게 하지 못한다.
③ 제2항의 경우에 원수급인이 보상의 청구를 받으면 보상을 담당한 하수급인에게 우선 최고(催告)할 것을 청구할 수 있다. 다만, 그 하수급인이 파산의 선고를 받거나 행방이 알려지지 아니하는 경우에는 그러하지 아니하다.

제91조(서류의 보존) 사용자는 재해보상에 관한 중요한 서류를 재해보상이 끝나지 아니하거나 제92조에 따라 재해보상 청구권이 시효로 소멸되기 전에 폐기하여서는 아니 된다. 〈5백만원 이하의 과태료〉

제92조(시효) 이 법의 규정에 따른 재해보상 청구권은 3년간 행사하지 아니하면 시효로 소멸한다.

☞ 조문해설 : 근기법상의 재해보상은 제81조의 규정에 의거 근로자의 중대한 과실 여부를 묻고 있으나, 산업재해보상보험법에서는 근로자의

과실을 묻지 않고 있다. 즉 근로자에게 중대한 과실이 있는 경우에는 근기법상의 보상은 부정될 수 있지만, 산재법상의 보상은 부정되지 않는다.

※ 「산업재해보상보험법」상의 재해근로자에 대한 주요내용

근로자의 산업재해에 대한 「근로기준법」의 특별법으로서 국가가 사용자를 대신하여 근로복지공단을 통해 재해근로자에게 신속하고 공정하게 보상하기 위함을 목적으로 한다. 주요내용은 다음과 같다.

① 요양급여 : 업무상의 사유로 부상을 당하거나 질병에 걸린 경우에 그 근로자에게 지급하는 것으로 병원비와 약제비 등을 의미한다. 근로기준법상의 요양보상과 비슷한 개념이다.
② 휴업급여 : 업무상 사유로 부상을 당하거나 질병에 걸린 근로자에게 요양으로 취업하지 못한 기간에 대하여 지급하는 것으로, 1일 평균임금 70%의 금액으로 한다. 취업하지 못한 기간이 3일 이내이면 지급하지 아니하며, 근로기준법상의 휴업보상과 비슷한 개념이다.
③ 장해급여 : 근로자가 업무상의 사유로 부상을 당하거나 질병에 걸려 치유된 후 신체 등에 장해가 있는 경우에 그 근로자에게

지급하는 것으로 평균임금을 기준으로 한다. 근로기준법상의 장해보상과 비슷한 개념이다.

④ 간병급여 : 요양급여를 받은 재해근로자 중에서 치유 후 의학적으로 상시 또는 수시로 간병이 필요하여 실제로 간병을 받는 자에게 지급하는 것을 말한다.

⑤ 유족급여 : 근로자가 업무상의 사유로 사망한 경우에 유족에게 지급하는 것을 말한다. 근로기준법상의 유족보상과 비슷한 개념이다.

⑥ 상병보상연금 : 요양급여를 받는 근로자가 요양을 시작한 지 2년이 지난 날 이후에도 부상이나 질병이 치유되지 아니하였고, 요양으로 인하여 취업을 하지 못하고 있는 등의 요건이 모두 충족된 상태가 계속되면 휴업급여 대신 상병보상연금을 그 근로자에게 지급한다.

⑦ 장의비 : 근로자가 업무상의 사유로 사망한 경우에 지급하는 것으로, 평균임금의 120일분에 상당하는 금액을 그 장제를 지낸 유족에게 지급한다. 다만, 장제를 지낼 유족이 없거나 그 밖에 부득이한 사유로 유족이 아닌 자가 장제를 지낸 경우에는 평균임금의 120일분에 상당하는 금액의 범위에서 실제 드는 비용을 그 장제를 지낸 자에게 지급한다. 근로기준법에서도 장의비라고 동일하게 표현하고 있으나 지급수준이 다르다.

⑧ 직업재활급여 : 산업재해로 인한 장해급여자 중 취업을 위해 직업훈련이 필요한 자에게 실시하는 직업훈련비 및 직업훈련수당을 말한다.

제9장 취업규칙
제93조(취업규칙의 작성·신고) 상시 10명 이상의 근로자를 사용하는 사용자는 다음 각 호의 사항에 관한 취업규칙을 작성하여 고용노동부장관에게 신고하여야 한다. 이를 변경하는 경우에도 또한 같다. 〈5백만원 이하의 과태료〉

1. 업무의 시작과 종료 시각, 휴게시간, 휴일, 휴가 및 교대 근로에 관한 사항
2. 임금의 결정·계산·지급 방법, 임금의 산정기간·지급시기 및 승급(昇給)에 관한 사항
3. 가족수당의 계산·지급 방법에 관한 사항
4. 퇴직에 관한 사항
5. 「근로자퇴직급여 보장법」 제4조에 따라 설정된 퇴직급여, 상여 및 최저임금에 관한 사항
6. 근로자의 식비, 작업 용품 등의 부담에 관한 사항
7. 근로자를 위한 교육시설에 관한 사항
8. 출산전후휴가·육아휴직 등 근로자의 모성 보호 및 일·가정 양립

지원에 관한 사항

9. 안전과 보건에 관한 사항

   9의2. 근로자의 성별·연령 또는 신체적 조건 등의 특성에 따른 사업장 환경의 개선에 관한 사항

10. 업무상과 업무 외의 재해부조(災害扶助)에 관한 사항
11. 직장 내 괴롭힘의 예방 및 발생 시 조치 등에 관한 사항
12. 표창과 제재에 관한 사항
13. 그 밖에 해당 사업 또는 사업장의 근로자 전체에 적용될 사항

☞ 조문해설 : 취업규칙은 기업의 근로자들에 대한 복무규율과 근로조건 등 공통적으로 적용되는 것들에 대해서 사용자가 작성한 규범 등을 의미하고, 그 명칭과 관계없이 취업규칙이라 통칭한다. 이러한 취업규칙은 근로계약과 함께 근로자의 근로조건을 규율하는 기능을 한다. 고용노동부에서는 "표준 취업규칙"이란 명칭으로 최근 개정법 등이 반영된 것을 배포하고 있으니 실무에 참고하기 바란다. 근기법 제93조에서 규정한 취업규칙 필수 기재사항과 이를 반영한 작성법은 별도의 목차로 설명하겠다.

제94조(규칙의 작성, 변경 절차)
① 사용자는 취업규칙의 작성 또는 변경에 관하여 해당 사업 또는 사업장에 근로자의 과반수로 조직된 노동조합이 있는 경우에는 그 노동

조합, 근로자의 과반수로 조직된 노동조합이 없는 경우에는 근로자의 과반수의 의견을 들어야 한다. 다만, 취업규칙을 근로자에게 불리하게 변경하는 경우에는 그 동의를 받아야 한다. 〈5백만원 이하의 벌금〉
② 사용자는 제93조에 따라 취업규칙을 신고할 때에는 제1항의 의견을 적은 서면을 첨부하여야 한다.

☞ 조문해설 : 취업규칙을 처음 신고하는 경우라면, 취업규칙과 취업규칙 신고서 및 신고하는 취업규칙에 대한 의견 청취 확인서를 함께 제출해야 한다. 변경 신고하는 경우에도 동일하나, 이전의 취업규칙과 변경된 취업규칙에 대한 변경 내역 비교표를 추가로 제출해야 한다. 단, 취업규칙을 불이익하게 변경하는 경우에는 근로자 과반수 또는 근로자 과반수로 조직된 노동조합의 동의를 얻어야 한다. ―사용자의 개입 없이 근로자들 간의 자유로운 의사결정 방식을 통해 집단적으로 결정하는 방식이어야 한다.―

※ 불이익 변경의 판단기준 (대법원 판례) : 일부 근로자들에게는 유리하더라도 불리한 근로자들이 발생하는 경우에는 불이익한 변경으로 판단하고, 전체적으로 유리하더라도 일부 불리한 내용이 포함되어 있는 경우에는 각각의 내용을 종합하여 판단한다. 단, 최근 대법원 판례에서는 적법한 불이익 변경이라고 하더라도 근로계약의 갱신을 통해 개별근

로자들에게 동의를 얻어야 그 효력이 발생한다고 하였다.

※ 신고하지 않은 취업규칙의 효력 : 의견청취서가 없거나 신고를 하지 않은 취업규칙이라 하더라도 그 효력은 유효하게 발생한다. 단, 불이익한 변경의 경우에는 혼선이 발생할 수 있다. 근로자 과반수의 동의를 얻지 못한 경우라면 변경된 취업규칙은 새로이 입사하는 근로자들에게는 유효하게 적용이 되지만, 기존의 근로자들에게는 불리하게 적용된 부분에 한하여 적용되지 않는다.

제95조(제재 규정의 제한) 취업규칙에서 근로자에 대하여 감급(減給)의 제재를 정할 경우에 그 감액은 1회의 금액이 평균임금의 1일분의 2분의 1을, 총액이 1임금지급기의 임금 총액의 10분의 1을 초과하지 못한다. 〈5백만원 이하의 벌금〉

☞ 조문해설 : 징계수단으로서의 감봉을 의미하는 규정이다. 급여를 일시적 또는 한시적으로 감액하는 것을 말하며, 제95조의 기준을 초과하는 감봉은 할 수 없다. (성과를 반영한 연봉의 감소는 동 규정과 무관하다.)

제96조(단체협약의 준수)
① 취업규칙은 법령이나 해당 사업 또는 사업장에 대하여 적용되는 단체협약과 어긋나서는 아니 된다.

② 고용노동부장관은 법령이나 단체협약에 어긋나는 취업규칙의 변경을 명할 수 있다.

☞ 조문해설 : 제97조 해설 참고.

제97조(위반의 효력) 취업규칙에서 정한 기준에 미달하는 근로조건을 정한 근로계약은 그 부분에 관하여는 무효로 한다. 이 경우 무효로 된 부분은 취업규칙에 정한 기준에 따른다.

☞ 조문해설 : 상위법 우선의 원칙을 규정한 내용이다.

※ 상위법 우선의 원칙과 유리 조건 우선의 원칙 : 노동관계법을 기준으로 판단하게 되면, 최우선적으로 헌법, 그다음으로는 법률(근기법 또는 노조법), 단체협약, 취업규칙, 근로계약의 순서대로 우선 적용하는 것을 상위법 우선원칙이라 한다. 만약 하위법의 내용이 상위법에 위배된다면 그 위배되는 내용을 상위법의 내용으로 적용하는 것이다. 이를 통해 헌법에 위배되는 근로기준법은 그 부분에 한해서 무효가 되고, 근로기준법에 위배되는 근로계약의 내용은 그 부분에 한해서 무효가 된다. 무효로 된 부분은 상위법의 내용에 따른다. 하위의 법이 더 유리한 경우에는 그 내용이 상위법에 위배되지 않기 때문에 당연히 하위의 법을 따르게 되는데 이를 유리 조건 우선의 원칙이라고 표현한다. 이로 인해 단체협

약과 취업규칙 및 근로계약 간의 충돌이 발생하는 경우 해석상의 문제가 발생하기도 한다. 대표적인 예로 단체협약으로 정한 내용과 개별 조합원과의 근로계약이 다른 경우를 들 수 있다. 만약 조합원과의 근로계약이 단체협약에 비해 유리할 경우 이를 그 조합원에게 우선하여 적용하게 된다면 사용자가 이를 악용할 우려가 존재하게 된다. 그렇기 때문에 판례에서는 이런 경우에는 유리 조건 우선원칙을 적용하지 않는다고 한다.

제10장 기숙사
제98조(기숙사 생활의 보장)
① 사용자는 사업 또는 사업장의 부속 기숙사에 기숙하는 근로자의 사생활의 자유를 침해하지 못한다.
② 사용자는 기숙사 생활의 자치에 필요한 임원 선거에 간섭하지 못한다.
〈5백만원 이하의 과태료〉

☞ 조문해설 : 기숙사는 기업이 제공하는 시설이지만, 주로 근로시간이 아닌 개인적인 시간을 보내는 곳이기 때문에 사생활의 자유를 보장하기 위해 마련된 규정이다. 아래의 조문들도 같은 맥락이고 기숙사를 운영하지 않는 기업과는 무관한 내용이기 때문에 추가적인 설명은 생략하겠다. ─조문 자체가 곧 실무적용 방침이다.─

제99조(규칙의 작성과 변경)

① 부속 기숙사에 근로자를 기숙시키는 사용자는 다음 각 호의 사항에 관하여 기숙사규칙을 작성하여야 한다. 〈5백만원 이하의 과태료〉

　1. 기상(起床), 취침, 외출과 외박에 관한 사항

　2. 행사에 관한 사항

　3. 식사에 관한 사항

　4. 안전과 보건에 관한 사항

　5. 건설물과 설비의 관리에 관한 사항

　6. 그 밖에 기숙사에 기숙하는 근로자 전체에 적용될 사항

② 사용자는 제1항에 따른 규칙의 작성 또는 변경에 관하여 기숙사에 기숙하는 근로자의 과반수를 대표하는 자의 동의를 받아야 한다. 〈5백만원 이하의 과태료〉

③ 사용자와 기숙사에 기숙하는 근로자는 기숙사규칙을 지켜야 한다. 〈5백만원 이하의 과태료〉

제100조(부속 기숙사의 설치·운영 기준) 사용자는 부속 기숙사를 설치·운영할 때 다음 각 호의 사항에 관하여 대통령령으로 정하는 기준을 충족하도록 하여야 한다. 〈5백만원 이하의 벌금〉

1. 기숙사의 구조와 설비

2. 기숙사의 설치 장소

3. 기숙사의 주거 환경 조성

4. 기숙사의 면적

5. 그 밖에 근로자의 안전하고 쾌적한 주거를 위하여 필요한 사항

제100조의2(부속 기숙사의 유지관리 의무) 사용자는 제100조에 따라 설치한 부속 기숙사에 대하여 근로자의 건강 유지, 사생활 보호 등을 위한 조치를 하여야 한다.

제11장 근로감독관 등

제101조(감독 기관)

① 근로조건의 기준을 확보하기 위하여 고용노동부와 그 소속 기관에 근로감독관을 둔다.

② 근로감독관의 자격, 임면(任免), 직무 배치에 관한 사항은 대통령령으로 정한다.

☞ 조문해설 : 근기법이 제대로 작동하려면 이에 대한 관리, 감독이 필요하다. 이를 위해 근기법에서는 근로감독관 제도를 규정하고 있다. 근로감독관은 고용노동부에 속한 사법경찰관으로서 노동관계법령의 위반행위를 예방하고, 위반내용에 대해선 시정조치를 하고 벌칙이 적용되도록 하는 등의 기능을 담당하고 있다. 아래의 조문들은 근로감독관의 권한과 역할 등을 규정한 내용이다. ─조문해설 생략─

제102조(근로감독관의 권한)

① 근로감독관은 사업장, 기숙사, 그 밖의 부속 건물을 현장조사하고 장부와 서류의 제출을 요구할 수 있으며 사용자와 근로자에 대하여 심문(尋問)할 수 있다. 〈5백만원 이하의 과태료〉

② 의사인 근로감독관이나 근로감독관의 위촉을 받은 의사는 취업을 금지하여야 할 질병에 걸릴 의심이 있는 근로자에 대하여 검진할 수 있다.

③ 제1항 및 제2항의 경우에 근로감독관이나 그 위촉을 받은 의사는 그 신분증명서와 고용노동부장관의 현장조사 또는 검진지령서(檢診指令書)를 제시하여야 한다.

④ 제3항의 현장조사 또는 검진지령서에는 그 일시, 장소 및 범위를 분명하게 적어야 한다.

⑤ 근로감독관은 이 법이나 그 밖의 노동 관계 법령 위반의 죄에 관하여 「사법경찰관리의 직무를 행할 자와 그 직무범위에 관한 법률」에서 정하는 바에 따라 사법경찰관의 직무를 수행한다.

제103조(근로감독관의 의무) 근로감독관은 직무상 알게 된 비밀을 엄수하여야 한다. 근로감독관을 그만 둔 경우에도 또한 같다. 〈5백만원 이하의 벌금〉

제104조(감독 기관에 대한 신고)

① 사업 또는 사업장에서 이 법 또는 이 법에 따른 대통령령을 위반한 사실이 있으면 근로자는 그 사실을 고용노동부장관이나 근로감독관에게 통보할 수 있다.

② 사용자는 제1항의 통보를 이유로 근로자에게 해고나 그 밖에 불리한 처우를 하지 못한다. 〈2년 이하의 징역 또는 2천만원 이하의 벌금〉

제105조(사법경찰권 행사자의 제한) 이 법이나 그 밖의 노동 관계 법령에 따른 현장조사, 서류의 제출, 심문 등의 수사는 검사와 근로감독관이 전담하여 수행한다. 다만, 근로감독관의 직무에 관한 범죄의 수사는 그러하지 아니하다.

제106조(권한의 위임) 이 법에 따른 고용노동부장관의 권한은 대통령령으로 정하는 바에 따라 그 일부를 지방고용노동관서의 장에게 위임할 수 있다.

4. 근로계약

근로계약이란 "근로자가 사용자에게 근로를 제공하고 사용자는 이에 대하여 임금을 지급하는 것을 목적으로 체결된 계약을 말한다."라고 근기법 제2조에서 정의하고 있다. 이에 대한 설명은 앞의 근기법 해설 편에서 다루었기 때문에 아래 표에서는 구체적인 작성법을 설명해 보도록 하겠다.

※ 근로계약서 예시 및 작성법 - 노무법인 송민 제공

근 로 계 약 서 (예시)

사 용 자	성 명		사업의 종류	
	사업체명			
	소 재 지		(전화 :	)
근 로 자	성 명		주민등록번호	
	주 소		(전화 :	)

근로관계 양당사자는 다음과 같이 근로계약을 체결한다.

제1조【해당 업무】
위 근로자는 위 사용자의 사업장 주소지에서 (   ),

(   )의 업을 수행한다. 단, 사용자의 사업여건상 필요한 경우에는 다른 업무를 부여하고 근로자는 이에 동의한다.

제2조【임금】

① 근로자의 월급총액은 금 _____ 원으로 하고, 급여의 구성내역은 아래와 같다.

구분(월)	기본급			월급총액
시간	209h			
금액				

② 월 기본급 산정 내역 : (8h*5d+8h)*365d/12m/7w≒209h

③ (기업의 근로시간 및 임금구성항목 구분에 따라 달라짐)

④ (기본급 이외의 수당이 있는 경우 그 금액과 계산방식 등을 구체적으로 기재)

⑤ 동 임금은 매월 1일부터 말일까지의 금액을 익월 05일에 근로자가 지정한 계좌로 지급토록 하며, 입·퇴사시 및 결근 등으로 인해 일할계산 할 때는 월의 대소와 관계없이 30일을 기준으로 한다.

제3조【근로시간 및 휴게시간】

① 09시부터 18시까지 (월~금)

② 휴게시간 : 12:00부터 13:00까지 (1시간)

③ 사용자는 업무상 필요에 따라 동조의 휴게시간을 변경할 수 있도록 하고, 근로자가 동조의 휴게시간을 사용치 못한 경우 사용자는 근로자에게 사용치 못한 시간만큼 별도의 휴게시간을 부여하도록 한다.

제4조【근로계약기간 및 수습기간】

① 근로자의 입사일 :   , 동 근로계약의 적용일 :
② 근로자의 근로계약기간은 별도의 정함이 없을 경우 기간의 정함이 없는 것으로 한다.
  기간의 정함 여부 (여,부)   부터   까지
③ 전항의 규정에도 불구하고 사용자는 근로자의 경력을 이유로 수습기간을 설정할 수 있도록 하며, 수습기간 중 근로자의 근무태도 및 능력 등이 현저히 부족하다고 판단되거나, 동료 직원 또는 고객과 불화를 초래하여 사용자의 사업에 직·간접적인 손해를 끼친 경우에는 수습기간 종료 이전이라도 근로자의 본채용을 거부할 수 있도록 하며 근로자는 이에 동의한다.
  수습기간 설정 여부 (여,부)   부터   까지
④ 동조제2항에 별도의 근로계약기간을 정하였을 경우 근로계약기간 만료일까지 새로운 근로계약이 체결되지 아니한 경

우에는 당사자간 근로계약은 합의 해지된 것으로 본다.

⑤ 근로자가 퇴사하고자 할 때는 퇴직 희망일로부터 최소 15일 전에 사용자에게 사직서를 제출하여 승인을 구해야 한다. 사직서를 제출하지 않거나 무단으로 퇴직하는 경우에는 무단결근으로 간주한다.

제5조【휴일 및 휴가】

① 휴일 : 주휴일(매주 일요일) 및 근로자의 날, 휴무일 : 매주 토요일

② 전항의 주휴일은 근로자가 한 주간의 소정근로일을 만근하였을 경우 유급으로 부여한다.

③ 근로기준법에서 정하는 바에 따라 연차유급휴가를 부여한다.

④ 근로자가 여성인 경우에는 근로자 본인의 신청에 따라 무급 생리휴가를 부여한다.

제6조【근태 및 복무사항 등】 지각, 조퇴, 결근과 관련하여 다음 각 항과 같이 처리한다.

① 지각이 월 3회 이상이면 일급의 50%를 감봉 징계한다.

② 무단조퇴가 월 2회 이상이면 일급의 50%를 감봉 징계한다.

③ 무단결근하는 경우 사유서를 제출하고 결근 당일과 그 주의

주휴일을 무급으로 한다.
④ 무단결근이 월 3회 이상인 경우에는 근로자를 징계위원회에 회부한다.
⑤ 근로자의 귀책사유로 사업상 중대한 지장을 초래하거나, 재산상 손실을 가져온 경우 근로자는 손해배상책임을 지며, 사용자는 근로자를 해고할 수 있다.

제7조【퇴직금】
근로자퇴직급여보장법에서 정한 바에 따른다.

제8조【준용규정】
본 계약에 명시되지 아니한 사항은 노동관계법령 및 사회통념에 의한다.

근로관계 양 당사자는 위와 같이 근로계약을 체결하며
사용자는 동 계약서 사본을 근로자에게 교부한다.

20　년　　월　　일

사용자:　　　　　(서명)
근로자:　　　　　(서명)

근 로 계 약 서 – 작성법 및 참고사항

제1조【해당 업무】

직무와 직책 등을 구체적으로 기재한다. (예. 관리부 과장 – 경영지원업무, 고객영업부 대리 등)

제2조【임금/포괄임금제】

① ~ ④ 기업의 근로시간이나 근로일 및 임금구성항목 등에 따라 달라진다. 단, 통상임금에 대한 것은 반드시 법률적인 검토를 통해 내용을 기재해야 한다. 통상임금에 대한 이해없이 임금구성항목을 설정하게 되면, 나중에 법정수당(연장, 야간, 휴일근로 수당)에 대한 분쟁이 발생할 수 있다. (법정 연장근로 등이 발생하지 않는 기업은 무관하다)

② 월 기본급 산정 내역 : (8h*5d+8h)*365d/12m/7w≒209h (일일 8시간, 한주 40시간 근로에 대한 산정내역을 의미한다.)

⑤ 임금의 기산일과 지급일(언제부터 언제까지의 급여를 언제 지급할 것인지에 대함) 그리고 중도 입퇴사 및 결근 공제의 기준을 기재한다.

제3조【근로시간 및 휴게시간】

① ~ ② 기업의 실제 출퇴근시간과 근로요일 및 휴게시간 등을 기재한다. 만약 근로시간이 일일 8시간, 한주 40시간을 초과하는 경우에는 법정수당의 계산방법을 추가로 기재한다.

③ 기재된 휴게시간에 변동이 있을 경우에는 반드시 그 시간만큼 휴게를 부여해야 하고, 만약 휴게를 부여치 않았다면 해당 시간 만큼 법정수당을 지급해야 한다.

제4조【근로계약기간 및 수습기간】

① 입사일은 최초 출근일을 기재하고, 근로조건 등이 갱신되는 경우에는 그날을 추가로 기재하여야 한다.

② ~ ④ 근로계약기간 및 수습기간에 대한 내용을 기재한다.

⑤ 훈시적인 것으로 무단퇴사를 예방하고자 함이고, 사직서가 수리되지 않은 상태로 근로자가 퇴사하게 되면, 근로계약서에 명시하지 않더라도 당연히 무단결근으로 간주된다.

제5조【휴일 및 휴가】

① 기업의 근로일과 휴일에 대한 것을 기재한다.

② ~ ④ 당연히 적용되는 내용이나 필수기재사항이기에 기재한 것들이다.

제6조【근태 및 복무사항 등】

일반적인 상벌 사항을 기재한 것이며 기업마다 달리 정할 수 있으나, 노동관계법에 위배되지 않아야 하고, 공정성과 형평성을 고려해야 한다. 내용이 많은 경우에는 '취업규칙에 의한다.'라고 기재 후 취업규칙에 관련 내용을 상세하게 기재해도 된다.

제7조【퇴직금】

당연히 적용되는 내용이나 필수기재사항이기에 기재한 것들이다.

제8조【준용규정】

본 계약에 명시되지 아니한 사항은 노동관계법령 및 사회통념에 의한다.

근로관계 양 당사자는 위와 같이 근로계약을 체결하며
사용자는 동 계약서 사본을 근로자에게 교부한다.

20   년   월   일

근로계약을 체결하는 날짜를 기재한다.

사용자: (서명)

근로자: (서명)

근로계약서에 필수적으로 기재되는 사항들을 중심으로 위 표에서 근로계약서의 구체적인 내용과 작성법을 살펴보았다. 이를 근로조건 서면 명시의무라고 표현한다. 서면 명시의 내용은 ① 근로계약기간에 관한 사항, ② 근로시간 및 휴게에 관한 사항, ③ 임금의 구성항목과 계산방법 그리고 지불방법에 관한 사항, ④ 휴일과 휴가에 관한 사항, ⑤ 취업의 장소와 종사하여야 할 업무에 관한 사항, ⑥ 근로일 및 근로일별 근로시간(단시간 근로자에 한함)이다. 특히, 기간제 근로자와 단시간 근로자 등에 대해서 근로조건 서면 명시의무를 위반한 경우(근로계약을 문서로 체결하지 않거나 6가지 내용 중 일부가 누락된 경우)에는 항목별로 각각 30만 원에서 50만 원, 최대 500만 원의 과태료가 부과될 수 있다.

근로계약에 대해서는 몇 번을 강조해도 지나치지 않다. 근로관계 및 근로조건에 관한 내용을 잘못 기재하여 분쟁이 발생하거나, 크게 중요치 않다고 생각하여 대충 작성하거나 아예 빠뜨려버리는 경우가 아직도 많다. 일례로 임금의 구성항목과 계산방법을 반드시 기재해야 함에도 불구하고 '근로자의 월급에는 연장수당과 야간수당, 휴일근로수당 등 모든 법정수당이 포함되어 있다.'라고 기재하는 경우도 있고, 근로조건이 변경되면 반드시 근로계약을 갱신하고 이를 교부해야 함에도 불구하고 이를 누락시키거나 '연봉통보서'라는 형태로 교부하는 것에 그치는 일도 있다. 또한, 몇 번의 지각을 1일의 결근으로 간주하거나, 근로시간을 명확히 기재하지 않고 단순하게 '일일 8시간, 한 주 40시간'이라고만 기재하거나, 연봉계약기간과 근로계약기간을 혼동하여 표기하는 경우 등 근로계약에 대한 이해가 아직도 많이 부족한 경우가 많다. 최소한 근로계약서만이라도 반드시 전문가의 조언을 얻어 작성하기 바란다.

최근 고용노동부에서는 서면 근로계약의 원칙을 정착시키고, 근로계약을 체결하는 데 있어 근기법에 따른 필수기재사항이 누락되지 않도록 표준근로계약서를 작성하여 배포하고 있다. 본서의 후면에 [부록 3]으로 실어두었으니 참고해 보면 좋을 것이다. 단, 이에 대한 정확한 이해 없이 그대로 활용하는 것은 기업 환경에 따라 오히려 독이 될 수도 있으니 가급적이면 필수적으로 기재해야 할 내용을 참고하는 용도로만 활용하고, 실제 활용할 근로계약서는 이를 기준으로 기업의 환경에 맞게 작성하기 바란다.

5. 임금대장

근기법 시행규칙 별지의 임금대장 표준서식은 근로자 1인에 대한 임금을 월별로 기재하도록 되어 있다. 실무에서는 근로자 전체 혹은 부서별로 구분하여 관리하기 때문에 이와는 거리가 있겠지만, 필수적인 기재사항을 확인하는 용도로 참고하면 도움이 될 것이다. 앞서 설명하였지만, 매월 지급하는 임금대장과 그달에 해당하는 근로자명부 그리고 임금계산의 기초사항인 근태자료 등을 함께 보존하면 관리가 수월할 것이다.

임금대장은 급여대장이라고도 불리며, 지급액 항목과 공제액 항목으로 구분된다. 지급액 항목은 근로계약서에 기재한 임금구성항목과 계산방법이 그 근거가 되는 것들이고, 공제액 항목은 급여에 대한 소득세와 주민세 그리고 사대보험료 및 기타 노사가 약정한 공제항목 등으로 구성된다.

흔하게 발생하는 오류나 실수로는, 근로계약서의 임금구성항목과 급여대장의 임금구성항목 또는 그 금액이 다른 경우를 들 수 있다. 이는 애써 작성한 근로계약의 내용을 의심하게 되는 효과가 발생하게 될 수도 있는 문제이기 때문에 반드시 바로잡아야 한다. 급여대장은 근로자가 가지고 있는 임금채권을 구체적으로 실현시키는 것이기 때문이다. 즉 근로계약서의 임금구성항목은 반드시 급여대장의 임금구성항목과 일치되어야 하며, 이 두 가지가 다른 경우라면 근로계약서나 급여대장 둘 중 하나가 잘못되었거나, 혹은 두 가지 모두 잘못되었다고 볼 수 있을 것이다. 실무적인 측면에서 덧붙이자면 급여대장을 작성할 때, 실무자가 근로계약서만 보고서도 해당 근로자의 임금을 언제, 어떻게, 어떤 수당들을 얼마만큼 지급해야 하는지 명확히 알아볼 수 있도록 상세하고 이해하기 쉽게 작성되어 있어야 한다. 즉 근기법의 규정이 아니더라도 누구든지 근로계약서를 보는 것만으로도, 근로자의 직무와 근로장소, 임금 등이 어떻게 되는지 알 수 있도록 작성되어 있다면, 그것이 바로 근기법상 적법한 근로계약서가 되는 것이다.

공제항목은 주로 「소득세법」에 의한 근로소득세와 주민세, 국민연금, 건강보험, 장기요양보험 및 고용보험으로 구성된다. 국민연금부터 고용보험까지를 사대보험이라 칭하며 이는 다음 장에서 더욱 구체적으로 설명토록 하겠다.

근로소득세는 근로자의 급여를 과세급여와 비과세급여로 구분한 후 과세급여에 따라 그 금액이 결정된다. 흔히 과세급여액에 대한 비율을 기준으로 근로소득세가 결정되는 것으로 잘못 알고 있는 경우가 많은데, 근로소득세는 별도의 "근로소득 간이세액표"를 기준으로 결정된다. 그 금액은 과세급여에 대한 비율이 아니라 과세급여의 액수가 커지면 커질 수록 그 세금의 액수가 더욱 증가하는 구조로 이루어져 있다. 즉 300만 원에 대한 근로소득세와 200만 원에 대한 근로소득세액의 차이가, 400만 원에 대한 근로소득세와 300만 원에 대한 근로소득세액의 차이보다 적다는 것이다. 또한, 해당 근로자가 부양하고 있는 가족의 수에 따라서도 근로소득세가 달라지는 구조로 되어 있다. ―부양가족 수가 많을수록 근로소득세가 감소한다.― 이러한 근로소득 간이세액표는 일종의 참고자료이며, 반드시 표에 해당하는 금액을 근로소득세로 공제하여 납부해야 한다는 의미는 아니다. 근로자의 근로소득은 매 회계연도에 실제 발생한 근로소득 총액을 기준으로 여러 가지 소득공제 내용(지출내용 및 연말정산 시점의 부양가족 수 등)이 반영된 후 결정되는 방식으로 되어 있기 때문이다. 다시 말해 연말정산을 통해 실제 납부해야 할 세금이 결정되기 때문에 급여대장에서의 근로소득세는 근로소득 간이세액표를 "참고"하여 공제하면 된다는 것이다. (근로소득세 조견표 또는 근로소득세는 국세청 홈페이지(https://www.nts.go.kr/support/support_03_etc01.asp)를 통해 확인해 볼 수 있다.

주민세는 근로소득세의 10%에 해당하는 금액이고, 원 단위는 버린 값으로 결정된다.

근기법상 임금은 모두 과세급여이다. 단, 생산직 근로자의 연장근로수당 중 일부 또는 전액이 비과세급여로 분류되기도 하지만 종종 변경될 수 있는 내용이기 때문에 연말정산 시점에 반드시 확인해 보아야 한다.

대표적인 비과세급여로는 자가운전보조금(월 20만 원 한도), 식대(월 10만 원 한도), 보육수당(만 6세 이하의 자녀, 월 10만 원 한도) 등이 있다. 이 역시 종종 변경될 수 있는 것들이기 때문에 1년에 한 번쯤은 변경여부를 확인해 보아야 한다.

과세급여와 비과세급여는 근로소득세가 결정되는 기준이 되기 때문에 중요한 의미를 가지고 있으며, 사대보험료 역시 과세급여를 기준으로 결정되기 때문에 반드시 확인해 보아야 한다.

6. 사대보험

사대보험은 은근히 까다로운 업무이다. 관련법만 보더라도 「국민연금법」, 「국민건강보험법」, 「고용보험법」, 「산업재해보상보험법」, 그리고 「고용보험 및 산업재해보상보험의 보험료징수 등에 관한 법률」, 이렇게 5개의 법으로 구분되어 있다. 또한, 국민연금은 국민연금공단에서, 건강보험은 국민건강보험공단에서, 고용보험과 산재보험의 자격관리와 산재보상 그리고 보험료 신고는 근로복지공단에서, 고용보험 중 고용보험 지원사업(실업급여, 직업능력개발사업, 고용안정사업)은 고용노동부 고용복지플러스센터에서 그 업무를 담당하고 있다.

큰 틀에서 설명하자면, 국민연금과 건강보험은 그 체계가 유사하고 고용보험과 산재보험의 체계가 유사하다. ―장기요양보험은 건강보험으로 총칭함.―

사대보험은 근로소득자와 근로자를 고용한 개인 사업주가 가입대상이다. 근로소득자란 세법상 표현이며 근기법상의 근로자보다는 넓은 개념으로, 근로자와 함께 법인의 대표이사와 법인의 이사를 포함하는 개념이다. 법인의 대표이사와 이사는 ―이사는 경우에 따라서 사업주가 아닌 근로자에 해당하기도 한다.― 사업주에 해당하기도 하지만, 세법에서는 근로소득자로 구분하고 있다. 근로자를 고용하지 않은 개인 사업주는 지역가입자로 국민연금과 건강보험에 가입해야 하고, 근로자를 고용한 개인 사업주는 근로자들과 함께 직장가입자로 국민연금과 건강보험에 가입해야 한다. 참고로 근로자를 고용하지 않은 법인의 이사는 개인 사업주와 달리 원칙적으로 직장가입자로 가입해야 한다.

건강보험이란 「국민건강보험법」에 의한 사회보장제도로서 국민의 질병·부상에 대한 예방·진단·치료·재활과 출산·사망 및 건강증진에 대하여 보험급여를 실시함으로써 국민보건 향상과 사회보장 증진에 이바지하기 위한 것이다. 크게 지역가입자와 직장가입자 그리고 피부양자로 그 자격이 구분된다. 이하에서는 직장가입자에 대해서만 설명하겠다.

회사에서 근로소득이 발생하거나, 근로자를 고용한 개인 사업주는 모두 직장가입자에 포함된다. 다만 직장가입자 중 적용이 제외되는 자는 다음과 같다.

※ **적용제외자**

「국민건강보험법」 제6조 제2항
1. 고용 기간이 1개월 미만인 일용근로자

2. 「병역법」에 따른 현역병(지원에 의하지 아니하고 임용된 하사를 포함한다), 전환복무된 사람 및 군간부후보생

3. 선거에 당선되어 취임하는 공무원으로서 매월 보수 또는 보수에 준하는 급료를 받지 아니한 사람

4. 그 밖에 사업장의 특성, 고용 형태 및 사업의 종류 등을 고려하여 대통령령으로 정하는 사업장의 근로자 및 사용자와 공무원 및 교직원

동법 시행령 제9조(직장가입자에서 제외되는 사람) 법 제6조제2항제4호에서 "대통령령으로 정하는 사업장의 근로자 및 사용자와 공무원 및 교직원"이란 다음 각 호의 어느 하나에 해당하는 사람을 말한다.

1. 비상근 근로자 또는 1개월 동안의 소정(所定)근로시간이 60시간 미만인 단시간근로자

2. 비상근 교직원 또는 1개월 동안의 소정근로시간이 60시간 미만인 시간제공무원 및 교직원

3. 소재지가 일정하지 아니한 사업장의 근로자 및 사용자

4. 근로자가 없거나 제1호에 해당하는 근로자만을 고용하고 있는 사업장의 사업주

※ 의료보호 대상자도 건강보험에 가입하지 않아도 된다. 만약, 근로기간 도중에 의료보호 대상자가 되면 그날부터 직장가입자에서 제외된다. 단, 근로기간 도중 의료보호에서 해제되면 그날부터 직장가입자로 적용되기 때문에 반드시 취득신고를 해줘야 한다.

위 내용 중 일반적으로 중요한 것은 "고용 기간이 1개월 미만인 일용근로자"와 "1개월 동안의 소정근로시간이 60시간 미만인 단시간근로자"이다. 즉 일용근로자라 하더라도 고용 기간이 1개월 이상이면 직장가입자에 해당하며, 단시간근로자라 하더라도 1개월의 근로시간이 60시간 이상이면 직장가입자에 해당한다는 것이다.

다시 정리하자면, 기업에 속한 근로자는 모두 건강보험에 가입해야 하지만, 1개월이 안 되는 기간에 채용되어 있던 일용근로자와 계속 근로하더라도 1개월의 소정근로시간이 60시간 미만인 단시간근로자는 가입하지 않아도 된다는 것이다. 즉 1개월 이상 고용 중인 일용근로자와 소정근로시간이 60시간 이상인 단시간근로자는 직장가입자의 가입대상에 포함된다는 것이다. 추가적으로 설명하겠지만, 가입대상임에도 불구하고 가입을 하지 않는다면 나중이라도 공단에서 미가입자에 대한 소명을 요구하기 때문에 임의적으로 누락시키거나 하는 일은 없어야겠다. 또한, 적용제외자에 대해선 반드시 관련 내용이 담긴 근로계약서와 근태기록이 보존되어야 한다.

국민연금이란 「국민연금법」에 의한 사회보장제도로서 국민의 노령, 장애 또는 사망에 대하여 연금급여를 실시함으로써 국민의 생활 안정과 복지 증진에 이바지하기 위한 것이다. 건강보험과 마찬가지로 직장가입자와 지역가입자로 구분되며, 국민연금의 특성상 만 60세 미만인 근로자가 가입대상이라는 것이 가장 큰 차이점이고 나머지 내용은 대부분 유사하다. 건강보험에서 의료보호 대상자가 직장가입자에서 제외되는 것처럼, 국민연금에서는 「국민기초생활 보장법」에 따른 생계급여 수급자 또는 의료급여 수급자는 본인의 희망에 따라 직장에서 가입하지 않을 수 있다.

※ 적용제외자

「국민연금법」 시행령 제2조 (근로자에서 제외되는 사람)
1. 일용근로자나 1개월 미만의 기한을 정하여 사용되는 근로자. 다만, 1개월 이상 계속 사용되면서 다음 각 목의 어느 하나에 해당하는 사람은 근로자에 포함된다.
    가. 「건설산업기본법」 제2조제4호 각 목 외의 부분 본문에 따른 건설공사의 사업장 등 보건복지부장관이 정하여 고시하는 사업장에서 사용되는 경우: 1개월 동안의 근로일수가 8일 이상인 사람

나. 가목 외의 사업장에서 사용되는 경우: 1개월 동안의 근로일수가 8일 이상이거나 1개월 동안의 근로시간이 60시간 이상인 사람
2. 소재지가 일정하지 아니한 사업장에 종사하는 근로자
3. 법인의 이사 중 제3조제1항제2호에 따른 소득이 없는 사람
4. 1개월 동안의 소정근로시간이 60시간 미만인 단시간근로자. 다만, 해당 단시간근로자 중 다음 각 목의 어느 하나에 해당하는 사람은 근로자에 포함된다.
   가. 생업을 목적으로 3개월 이상 계속하여 근로를 제공하는 사람으로서 「고등교육법」 제14조제2항에 따른 강사
   나. 생업을 목적으로 3개월 이상 계속하여 근로를 제공하는 사람으로서 사용자의 동의를 받아 근로자로 적용되기를 희망하는 사람
   다. 둘 이상 사업장에 근로를 제공하면서 각 사업장의 1개월 소정근로시간의 합이 60시간 이상인 사람으로서 1개월 소정근로시간이 60시간 미만인 사업장에서 근로자로 적용되기를 희망하는 사람

건강보험과 국민연금의 가장 큰 공통점은 직장가입자에 대한 취득신고가 곧 보험료 신고이며, 기업과 근로자가 각각의 보험료를 절반씩 부담하는 형태라는 것이고, 가장 큰 차이점은 건강보험은 소비성(보험료의 휘발성)의 성격을 가지고 있는 반면에 국민연금은 저축성(노령연금 등으로 보존)의 성격을 지니고 있다는 것이다.

고용보험이란 「고용보험법」에 의한 사회보장제도로서 실업의 예방, 고용의 촉진 및 근로자의 직업능력의 개발과 향상을 꾀하고, 국가의 직업지도와 직업소개 기능을 강화하며, 근로자가 실업한 경우에 생활에 필요한 급여를 실시하여 근로자의 생활안정과 구직활동을 촉진함으로써 경제·사회 발전에 이바지하기 위한 것이다. 고용보험은 실업급여 사업과 고용안정 및 직업능력개발 사업으로 구분된다. 각 사업이 구분되는 이유는 각 사업에 대한 재정확보와 보험료율이 차등적으로 적용되기 때문이다. 실업급여는 "구직급여"와 "취업촉진 수당"으로 구분되는데, 사회적으로 흔히 얘기하는 실업급여는 바로 "구직급여"를 의미한다. 구직급여란 일반적으로 ─기업의 귀책사유인지 근로자의 귀책사유인지는 논외로 함.─ 고용조정 등으로 불가피하게 기업에서 실직한 근로자에게 지급하는 구직활동급여이다. 즉 '불가피하게 실직할 것'과 '구직활동을 해야 할 것'을 모두 충족해야 한다. 실직은 하였으나 구직활동을 하지 않으면 실업급여는 당연히 지급되지 않는다. 만약 구직활동 중 아르바이트나 일용으로 근로활동을 하게 되는 경우에는 반드시 관할 고용복지플러스센터에 이를 알려야 한다. 이를 알리지 않고 계속 구직급여를 수급하게 되면 부정수급으로 간주하여 형사처벌 대상이 될 수 있기 때문이다. 고용안정 사업이란 경영악화로 인한 고용조정을 예방 또는 경영악화를 극복하기 위한 고용유지와 고용환경 개선 등을 위한 고용창출 사업 등에 대한 국가적인 지원제도를 말하는 것이며, 직업능력개발 사업이란 근로자 개인의 직무능력 향상 등을 위한 여러 가지 교육지원 제도를 말하는 것이다.

※ 고용보험 지원사업은 자주 변경되는 제도이기 때문에 될 수 있으면 고용보험 홈페이지를 통해 그때그때 확인해 보아야 한다. (https://www.ei.go.kr)

고용보험은 건강보험이나 국민연금과 달리 전 국민을 대상으로 한 보험이 아닌 근로자와 일부 사업주를 위한 고용안정보험이다. ─최근 전 국민을 대상으로 확대하려는 움직임이 있다.─ 그렇기 때문에 지역과 직장을 구분하진 않으나, 실질적으로는 직장가입자만 존재한다. 마찬가지로 월 60시간 미만인 단시간 근로자 ─3개월 이상 근로하는 경우에는 가입대상에 해당된다.─ 는 적용이 제외되지만, 일용근로자는 단 하루를 근무하더라도 가입대상에 해당한다. 건강보험과 국민연금은 근로자와 사용자가 절반씩 부담하지만, 고용보험은 실업급여 사업에 해당하는 보험료만 근로자와 사용자가 절반씩 부담하고 고용안정 및 직업능력개발 사업은 사용자가 전액 부담한다.

산재보험이란 「산업재해보상보험법」에 따른 사회보장제도로서 근로자의 업무상의 재해를 신속하고 공정하게 보상하며, 재해근로자의 재활 및 사회 복귀를 촉진하기 위하여 이에 필요한 보험시설을 설치·운영하고, 재해 예방과 그 밖에 근로자의 복지 증진을 위한 사업을 시행하여 근로자 보호에 이바지하기 위한 것이다. 산재보험은 업무상 재해를 말하는 것으로, 업무와 관련된 사고 및 질병 등을 총칭하는 개념이다. 최근에는 출퇴근 중 재해도 산업재해로 인정받게 되었다.

산업재해는 크게 두 가지를 요건으로 한다. 업무 수행성과 업무 기인성이 그것인데, 업무 수행성이란 업무를 수행하는 과정을 의미하는 것이고, 업무 기인성이란 업무가 원인이 되어야 한다는 것이다. 즉 직무를 수행하는 과정과 무관하거나, 직무와 인과관계가 존재하지 않는다면 산업재해로 판단하지 않는다는 것이다. 이러한 산업재해보상보험의 보험료는 전액 사업주가 부담하며, 사업장의 규모(상시 근로자 수)와 업종, 최근 산재발생률에 따라 보험료가 달라진다. 산업재해는 평소에 이를 철저히 예방하여 산재가 발생하지 않도록 하는 것이 최우선이겠으나, 불가피하게 산재가 발생하였다면 기업은 반드시 근로자의 산재보상 신청 및 관리에 적극적으로 협조해야 하고, 필요한 제반서류(사고 경위서, 목격자 확인서, 근로계약서, 임금대장 및 급여 이체내역 등)의 제공에 노력을 다하여야 한다.

산재 발생 시 근로자가 받을 수 있는 보상은 크게 3가지이다. 병원비(요양급여라고 표현함)와 치료 기간의 휴업급여(평균임금의 70%를 근로복지공단에서 재해근로자에게 지급) 그리고 장해급여(치료 후 신체 등에 장애가 남는 경우 지급)가 그것이다.

또한, 산재보험은 다른 보험과 다른 독특한 특성이 있다. 건강보험과 국민연금, 고용보험은 하나의 사업(법인 또는 사업자 등록증 기준)에서 가입하는 것이지만, 산재보험은 하나의 사업이라 하더라도 장소적으로 구분되어 있거나, 여러 가지 업종을 영위하는 사업에서는 각 주소지별로 분리해서 관리해야 한다는 것이다. 가장 대표적인 예로 건설회사를 들 수 있는데, 건설업은 사무실과 현장으로 구분되기 때문이다. 사무실은 기타의 각종 사업으로 분류되어 보험료율이 낮은 편이지만, 건설 현장은 건설업에 해당되어 다소 높은 보험료율을 적용받게 된다. 즉 위험도가 높은 업종 —사업자등록증 상의 업종이 아닌 실제 해당 주소지에서 수행 중인 업종을 말함— 에는 높은 보험료율이 적용된다. 만약 동일한 주소지에서 여러 가지 업을 동시에 수행하는 경우에는 각각의 업종 중 가장 많은 근로자 수를 차지하거나, 임금총액이 가장 많은 업종으로 일괄적용 받게 된다.

앞에서 국민연금과 건강보험은 자격신고가 곧 보험료 신고라고 표현한 바 있다. 국민연금은 근로자 채용 시 취득신고 시점부터 고용종료에 따른 상실신고 시점까지 별도의 신고를 할 일은 사실상 거의 없다. —보수월액 변경신고제도가 있긴 하지만 사실상 이를 활용할 일은 거의 없기 때문이다.— 즉 국민연금은 취득신고 시 결정된 보수월액이 다음 해 6월까지 계속 유지되다가, 7월이 되면 전년도 소득총액을 기준으로 보험료가 자동으로 변경되는 형태이다. 건강보험은 국민연금과 비슷하나 매년 4월에 전년도 소득총액을 기준으로 보험료가 자동으로 변경됨과 동시에 전년도에 납부했던 보험료와 전년도에 실제로 지급받은 소득액을 비교·정산하여 차액에 대한 보험료를 추가로 징수하거나 환급하는 형태이다. 즉 국민연금에는 별도의 정산이 없지만, 건강보험은 소비성의 성격으로 인해 실 소득액을 기준으로 보험료가 부과되고 정산되는 개념인 것이다. 그래서 소위 "건강보험료 폭탄"이라고 표현하는 건강보험 정산이 실무상 골칫거리 중 하나인 것이다. 필자는 이를 사실상 근로소득세에 대한 연말정산과 비슷한 개념이라고 설명한다. 단, 연말정산은 실소득금액과 부양가족, 지출내역 등을 비교하여 금액이 결정되지만, 건강보험 정산은 실소득금액과 전년도에 납부한 건강보험료만을 가지고 금액이 결정된다. 따라서 "건강보험료 폭탄"을 예방하기 위해서는 기업의 담당자가 분기 내지 반기 단위로 근로자들의 보수월액을 실급여에 맞게 조정하는 작업을 추가로 해주어야 한다. 단, 매월 지급하는 급여의 변동이나 급여인상의 폭이 큰 경우가 아니라면 "건강보험료 폭탄"의

충격도 그리 크진 않을 것이다. 보험료 부과 및 징수 시스템은 건강보험과 고용보험 그리고 산재보험이 상당히 유사하다. 고용보험과 산재보험 역시 근로자의 실소득금액을 기준으로 정산되기 때문이다. 단, 가장 큰 차이점으로는 건강보험은 매월 가입자 명단과 개인별 보험료를 기업에 보내주지만, 고용보험과 산재보험은 별도의 명단을 알아서 제공해주지는 않는다는 것이다. 고용보험과 산재보험의 가입자 명단이나 개인별 보험료에 관한 내용은 '고용·산재보험 토탈서비스 (http://web-edi.kcomwel.or.kr)'에서 확인할 수 있다.

아래 표에서 직장가입자에 대한 일반적인 사대보험 내용을 간략히 정리하였으니 참고하기 바란다.

	국민연금	건강보험	고용보험	산재보험
취득, 상실 등 신고 주체	회사			
취득일	채용일(수습기간도 채용기간에 해당)			
보수월액	비과세 급여를 제외한 월 평균 급여 (상여금이나 변동 수당 등이 있는 경우 월 평균액으로 환산해야 함)			
보수월액 변경	해당 없음 (변경신청 제도는 존재하나 실무에 거의 활용치 않음)	보수 인상 또는 감소 등 평균 보수월액이 변경되는 경우 신고할 수 있음		

상실일	마지막 출근일 다음 날		
보험료 부담	사업주와 근로자 각 50%	실업급여 사업만 각각 50%씩 부담 고용안정 및 직업능력 개발 사업은 전액 사업주 부담	전액 사업주 부담
보험료 결정방식	정해진 공통 요율 × 보수월액		산업별 또는 개별실적 요율 × 보수월액
보수총액 신고	없음	매년 2월 말까지 (매년 4월 적용)	매년 3월 15일까지 (건설업은 3월 말까지) 미신고시 가산금 및 연체금 발생
적용제외자	만 60세 미만자, 외국인(국적으로 구분)	의료급여대상자	외국인 (체류자격으로 구분)	-
일용직	월 8일 또는 월 60시간 이상 근무자	가입	가입
사업장 주소지별 가입	주소지 구분 안 함 (분리적용 가능)		주소지 구분
퇴직정산	-	퇴직자 발생 시 수시 정산	2020년부터 퇴직자 발생 시 수시정산으로 변경
보수총액 신고	-	가입자별로 정산	가입자별로 구분하여 기업단위로 정산
보험료 내역	개인별 고지서 제공		합산내역 제공 (개인별 내역은 고용산재 토탈에서 확인 가능)

건설업의 경우에는 직장가입자에 대한 내용보다 본사와 현장에 대한 사대보험관리가 다소 까다롭다. 이를 아래에 정리해두니 건설업 관리자들은 참고하기 바란다.

※ 건설업 4대보험 관리

Ⅰ. 건설업 본사 (사무실) ⇒ 일반 사업장과 동일

1. 의무가입대상: 근로자 1인 이상 고용 시 의무가입(성립) 대상

2. 신고기한
고용 · 산재 · 건강 : 최초 성립일로부터 14일 내
연금 : 최초 성립 월의 다음 달 15일 내

3. 보험료 납부기한
고용 · 산재 : 최초 성립일로부터 70일 이내 납부(이후 1년 단위
　　　　　　 일시납 혹은 분기납)
건강 · 연금 : 매 익월 10일 이내 납부

Ⅱ. 건설업 현장 - 고용·산재 일괄제도 (최초 1회만 신고)

모든 현장에 대해 각 현장별로 매번 신고 및 보험료 납부·정산하는 것이 번거롭기에 일정한 요건을 갖추면 고용·산재보험에 한해 모든 현장을 마치 하나의 사업인 것처럼 간주하여 보험관계를 일괄적으로 적용하는 제도

1. 의무가입 대상자
① 건설면허 있는 경우 당연적용
② 건설업자 등이 아닌 자가 행하는 건설공사의 당연적용의 조건
  - 연면적 100제곱미터를 초과하는 건축물의 건축
  - 연면적 200제곱미터를 초과하는 건축물의 대수선공사가 총 공사금액 2천만원 이상
③ 원도 공사만 하는 건설회사 / 하수급인 승인을 받아 건설공사를 행하는 건설업자
④ 하도급 (하수급인 승인을 받지 않는 경우) 및 재하도급 공사만 하는 건설업자는 해당사항 없음

※ 하도급 공사만을 행하는 건설회사의 경우에는 하수급인 승인을 받아서 진행하는 공사와 그렇지 않은 공사에 대한 내부 구분이 반드시 이행되어야 함(하수급인 승인을 받은 공사 현장에 대해서만 고용·산재 보험료를 납부해야 하며, 그렇지 않은 공사의 경우에는 원도급사에서 고용·산재 보험료를 납부해야 함)
- 필요서류 : 건설공사 계약서 및 원가명세서, 각 세부 항목에 대한 거래 내역 (재료비, 인건비, 외주비, 지급 수수료 등에 대한 구분 근거로 활용됨.)

2. 신고
① 일괄적용보험관계성립신고 (건설면허 有)/승인신청(건설면허 無) → 동일서식 내에서 서식명만 구분됨
   ※ 첨부서류 : 도급계약서, 사무위탁서
② 일괄번호부여
③ 일괄번호로 개산보험료 신고

3. 신고기한 : 공사 개시일로부터 14일 내

4. 관리번호 : 성립신고 접수 후 일반적으로 "사업자등록번호+6" 형태의 관리번호(일괄번호)가 부여됨. 동 일괄관리번호는 보험료를 납부하는 용도로만 활용(취득 및 상실 신고와는 무관)

5. 납부기한 : 최초 성립일로부터 70일 이내, 그 후 매년 3월 31일까지 개산·확정 보험료 신고 후 일시납(3% 감면)이나 분기납

Ⅲ. 건설업 현장 – 고용·산재 보험료신고 (일괄 성립번호를 통한 개산·확정)

건설업의 경우 당해연도 보험료의 예상치를 먼저 납부하고 다음연도에 객관적인 자료를 토대로 최종 납부

1. 신고기한 : 전년도 분에 대한 확정 신고와 이번 해에 대한 개산 신고를 3월 31일까지 신고해야 함

2. 납부기한

일시납 : 3월 31일까지 납부(3% 감면)

분납 : 1분기는 3월 31일까지, 2분기는 5월 15일까지, 3분기는 8월 15일까지, 4분기는 11월 15일까지 납부

3. 개산보험료 산정(올해 납부해야 할 보험료를 예측하여 미리 납부하는 것)
   ① 원칙 : 개산보험료 = 해당 연도 추정보수총액 * 보험료율
      다만, 추정액이 전년도 보수총액의 70% 이상 130% 이내인 경우에는 전년도 확정 보수총액을 해당 보험 연도의 보수총액 추정액으로 함
   ② 노무비율에 의한 산정(보수총액의 추정이 곤란한 경우) : 개산보험료 = 총공사금액 * 노무비율 * 보험료율

4. 확정보험료 산정
① 원칙 : 확정보험료 = 실제 지급한 보수총액 * 보험료율
② 확정보험료 = [직영인건비+(외주공사비 * 하도급노무비율)] * 보험료율

Ⅳ. 건설업 현장 – 고용·산재 개시신고 (각 현장에 대해 원도급 업자가 신고)

1. 신고
① 현장 주소지 관할 근로복지공단에 개시신고 → 개시번호 부여 (현장 일용직에 대한 근로내용확인신고서상의 관리번호)
   ※ 첨부서류 : 도급계약서

2. 신고기한 : 공사 개시일로부터 14일 내

3. 개시신고를 통해 공사명, 공사기간, 공사금액 등의 내용을 공단에 접수해야 함. 개시신고가 정상 처리되면 보통 "910-00-~~~" 형식의 관리번호가 부여됨

※ 산업재해발생시 관리번호는 보험료신고를 하는 일괄번호만 기재하여 제출(개시번호가 있으면 함께 기재)

V. 건설업 현장 – 고용 · 산재 근로내용확인신고 (개시번호)

1. 신고방법
① 원도 : 개시신고 후 부여된 관리번호(개시번호)로 신고가능
② 하도 : 하수급인 승인 후 하수급인 번호 부여되면 그 번호로 신고할 수 있지만, 건설면허가 없으면 하수급인 승인이 불가되므로 원도에서 하도의 일용직을 함께 신고해주어야 함
③ 재하도 : 하수급인 승인을 받을 수 없으므로 원도 또는 하수급인 승인받은 하수급인이 근로내용확인신고를 해주어야 함
④ 고용산재 하수급인 관련

※ 하수급인 명세서 : 일용근로내용신고 가능

① 신고기한 : 공사계약 체결일로부터 14일 이내 신고

② 필요사항 : 건설면허 소유

※ 하수급인 사업주 인정승인 제도 : 원칙적으로 원도가 보험가입자지만 공단의 승인을 받아 하도가 보험가입자가 되는 것 (일용근로내용신고 가능 & 보험료납부의무)

① 신고기한 : 하도급 공사 착공일로부터 30일 이내에 접수

② 필요사항 : 건설면허 소유, 원도와 하도간 보험료납부의 인수에 관한 확인서 작성, 하도급공사 착공 후 15일부터 신청 전까지 해당 현장 하도에서 산재사고가 발생하지 않아야 함

2. 신고기한 : 매달 1월~말일까지의 근로내용을 익월 15일까지

3. 신고방법 : 건설업 근로내용확인을 전산으로 신고하기 위해서는 고용보험홈페이지(https://www.ei.go.kr)에서 신고해야 함.

7. 취업규칙

취업규칙이란 앞서 「근로기준법」 제93조의 조문해설에서 언급하였던 것처럼 기업의 근로자들에 대한 복무규율과 근로조건 등 공통적으로 적용되는 것들에 대해 사용자가 작성한 규범 등을 의미한다. 그 명칭이 반드시 "취업규칙"일 필요까지는 없고, 사규, 내규, ××규정 등 필요에 따라 다르게 칭해도 무관하지만 근기법상 필수기재사항 들은 반드시 기재되어 있어야 한다.

※ **취업규칙 필수기재사항 및 작성법**

취업규칙의 작성법은 그리 어렵지 않다. 「근로기준법」 제93조에서 그 내용을 알려주고 있기 때문이다. 취업규칙이 없는 기업이라면 다음의 내용을 기준으로 뼈대를 마련하면 된다. 이후 기업 내부질서의 유지 내지는 근로자들의 동기 향상 및 조직문화 등에 관한 것을 추가하면 된다. 단, 위법적인 내용은 배제하고, 기업의 목표나 문화에 적합하게 작성해야 하므로 반드시 전문가의 지도, 자문을 권유한다.

Ⅰ. 「근로기준법」 제93조에 의한 취업규칙 필수 기재사항

1. 업무의 시작과 종료 시각, 휴게시간, 휴일, 휴가 및 교대 근로에 관한 사항
☞ 출·퇴근시간과 휴게시간, 휴일 등이 획일적이라면 그대로 기재하되, 직종 또는 부서마다 다르다면 각각 별도로 기재해야 한다. 별도의 언어적 설명이 없더라도 취업규칙만 읽어봄으로써 근로일과 휴무일 등을 명확히 이해할 수 있도록 상세히 기재하는 것이 좋다. 단, 근로자별로 다르거나 교대근무의 패턴이 자주 변경되는 경우에는 '개별근로자의 근로계약에서 별도로 정한다.'라고 규정하는 것도 가능하다. 연차유급휴가의 경우는 입사일을 기준으로 할지, 회계연도를 기준으로 할지를 정한 후 근속연수별 구체적인 발생일을 기재하면 된다.

2. 임금의 결정·계산·지급 방법, 임금의 산정기간·지급시기 및 승급(昇給)에 관한 사항
☞ 근로계약서의 필수 기재사항 중 하나가 바로 임금의 구성항목과 계산방법 그리고 지급방법이다. 이는 개별근로자에 대한 것을 말하며, 취업규칙에서는 기업에 존재하는 모든 수당과 그 계산방식 및 지급여부 기준 등을 구체적으로 기재해두는 것이 바람직하다.

즉 기업에서 지급하는 임금의 구성항목에 대해서 그 지급기준과 금액의 산정방식 및 지급시기 등을 구체적으로 기재해두어야 한다. 다시 말해 취업규칙의 임금관련 규정만 보더라도 어떠한 경우에 어떤 수당이 얼마가 지급되는지 알아볼 수 있도록 명확하게 기재되어 있어야 한다는 것이다. 임금의 산정기간 및 급여일 ―상여금이 존재한다면 상여금의 결정과 계산방법 등을 포함― 승급과 승진 및 발령 등에 관한 내용도 마찬가지로 구체적으로 기재되어 있어야 한다. 이는 법률적인 접근이라기보단 모든 근로자들에게 공통적으로 적용되는 내용이기에 보다 획일적이고 공정해야 한다는 의미로 접근하면 수월할 것이다.

3. 가족수당의 계산·지급 방법에 관한 사항
☞ 과거, 가족수당을 지급하는 기업들이 많았기 때문에 규정된 내용이다. 가족수당 자체를 의무적으로 지급해야 하는 것은 아니므로 관련 내용이 존재한다면 기재하고, 그렇지 않다면 생략해도 된다.

4. 퇴직에 관한 사항
☞ 퇴직이나 해고의 절차 내지는 퇴직금 등에 대한 것을 의미한다. 주의해야 할 점은 어떠어떠한 경우에 퇴직한다고 기재되어 있더라도 그 내용이 법률상 허용되는 것이 아니라면 그 효력이 부정

된다는 것이다. ㅡ부당해고에 대한 분쟁이 발생할 수 있기 때문이다.ㅡ 근로자가 사직서를 제출하거나, 근로관계 당사자 중 일방 혹은 양방이 소멸하거나, 근로자가 정년에 도달하거나, 약정한 근로계약 기간이 만료되거나, 근로자가 횡령, 배임 등을 행한 경우가 아니라면, 일반적으로 당연퇴직에 관한 내용은 효력이 발생하지 않는다.

5. 「근로자퇴직급여 보장법」 제4조에 따라 설정된 퇴직급여, 상여 및 최저임금에 관한 사항
☞ 퇴직급여의 경우에는 퇴직연금에 가입한 회사라면 '별도의 퇴직연금 규약에 따른다.'라고 규정해도 되나, 퇴직연금에 가입하지 않은 회사라면 「근로자퇴직급여 보장법」에서 정하는 퇴직금 이상의 금액을 지급해야 한다. 현재는 근로자를 사용하는 모든 사업장에 대해 퇴직금 지급의무가 발생하기 때문에 퇴직금을 지급하지 않거나, 월급에 포함해서 지급하거나, 근로자의 다른 채무와 일방적으로 상계하는 행위는 금지되고 있다. 상여금의 경우에는 그 내용이 가족수당과 같은 필수기재사항이 아니기 때문에 상여금 제도가 없는 기업에서는 '별도의 상여금은 없다. 단, 대표자의 재량에 의해 특별 상여금을 지급할 수 있다.' 정도로 규정해도 된다. 상여금을 지급하거나 지급할 예정이라면 그 지급기준과 금액 또는 비율,

지급일, 지급대상자 등을 명시적으로 기재해두어야 한다. 최저임금의 경우에는 「최저임금법」에 의해 매년 적용되는 최저임금을 사업장에 게시해두어야 하기 때문에 '회사는 매년 적용되는 최저임금을 사내 게시판에 게시하고, 이를 준수한다.' 정도로 규정하면 된다.

6. 근로자의 식비, 작업 용품 등의 부담에 관한 사항
☞ 식비를 현물로 지급하는 경우에는 '근로일에 지출되는 근로자의 식비는 (전액 또는 ***한도 이내에서, 현물, 현금 등) 회사가 지원한다.'라고 규정하면 되고, 임금에 포함하여 지급하는 경우에는 임금의 구성항목에서 규정하면 된다. 작업 용품이란 직무수행에 수반되는 물품 내지는 작업복에 관한 것이므로, 그에 관한 내용을 구체적으로 기재하면 된다.

7. 근로자를 위한 교육시설에 관한 사항
☞ 교육시설 역시 의무적인 것은 아니다. 다만, 능력개발을 위해 학원비 등을 지원하는 경우에는 그 규모와 방법, 시기 등을 구체적으로 기재하면 되고, 별도의 교육시설이 존재하는 경우에는 교육시설의 위치와 활용방법 등을 기재하면 된다.

8. 출산전후휴가·육아휴직 등 근로자의 모성보호 및 일·가정 양

립 지원에 관한 사항

☞ 모성보호에 관한 것으로 자주 개정되는 내용 중 하나이다. 규정하지 않거나, 준수하지 않는다고 하더라도 관련법의 내용이 최소한의 보호장치이기 때문에 그 내용을 그대로 옮겨와도 되고, 그보다 더 좋은 조건을 부여하고자 한다면 그 내용을 기재하면 된다.

9. 안전과 보건에 관한 사항

9의2. 근로자의 성별·연령 또는 신체적 조건 등의 특성에 따른 사업장 환경의 개선에 관한 사항

☞ 일반 사무직으로만 구성된 기업이 아니라면 매우 중요한 규정이다. 특히, 제조업이나 건설업 등과 같이 산업재해 발생 위험이 상대적으로 높은 업종의 기업이라면 더욱 꼼꼼하게 규정할 필요가 있다. 재해예방에 대한 교육이나, 작업복 및 안전보호장구의 착용 및 비치, 위험물품에 대한 관리 규정, 위험요소에 관한 관리 방안 등을 구체적으로 기재해두어야 한다. 안전과 보건에서 가장 중요한 것은 바로 '산업재해의 예방'인 것이다.

10. 업무상과 업무 외의 재해부조(災害扶助)에 관한 사항

☞ 업무상 재해라면 당연히 「산업재해보상보험법」을 따르고, 「산업재해보상보험법」의 적용을 받지 않는 사업이라면 「근로기준법」상

의 재해보상 규정을 적용받게 된다. 문제는 업무와 연관성이 없는 재해부조의 경우이며, 대표적인 것이 근로자 개인사유에 의한 병가이다. 병가는 의무적으로 부여해야 하는 것은 아니지만, 복리후생이나 도의적인 관점에서 접근해보는 것을 권유한다. 업무 외의 재해에 대한 보상을 예정하고 있거나, 규정이 존재한다면 반드시 기업문화에 적합한지를 검토해보아야 할 것이다.

11. 직장 내 괴롭힘의 예방 및 발생 시 조치 등에 관한 사항
☞ 예방하기 위한 조치와 발생하였을 때의 징계절차 및 구제방안 등을 규정해두면 된다. 예방적인 측면에서 접근해야 하되, 선의의 피해자가 발생치 않도록 보다 구체적인 업무상 징계와 수위를 규정해 두는 것이 바람직해 보인다.

12. 표창과 제재에 관한 사항
☞ 일반적으로 우수사원에 대한 표창, 고성과자에 대한 성과급 등을 말하는 것으로 표창에 대한 기준과 보상수준 등을 기재하면 된다. 단, 별도의 표창이 없는 경우에는 '경영실적 또는 대표자의 결정에 따라 표창 대상자와 그 수준을 결정할 수 있다.' 정도로 규정해도 된다. 제재는 징계를 의미하는 것으로 직장 내 괴롭힘과도 연관되는 부분이다. 징계의 사유와 시기, 절차, 수준 등을 규정하

고 징계 대상자에 대한 최소한의 소명기회는 부여될 수 있도록 해야 한다. 표창과 제재에서 가장 중요한 것은 바로 형평성이다. 경영학에서는 이를 공정성이라 표현한다.

13. 그 밖에 해당 사업 또는 사업장의 근로자 전체에 적용될 사항
☞ 기타 공통적으로 적용되는 내용을 기재하면 된다. 사훈이라던가 예절, 채용절차, 평가방법 및 개발방안, 인사이동, 비품 및 작업용품 보관 및 보전 등에 관한 내용을 기재하면 된다.

근로계약이 기업과 근로자의 관계에 대한 구체적이고 개별적인 기준이라면, 취업규칙은 기업에 속한 근로자들에게 공통적으로 적용되는 규범이다. 그렇기 때문에 근기법에서 규정된 필수기재사항들은 법률적인 기준이 될 뿐 기업에 필요한 모든 내용을 규정한 것은 아니다. 즉 기업에서 취업규칙을 작성하거나 변경하는 경우에는 위의 필수기재사항들을 중심으로 먼저 검토를 하고, 추가로 필요한 —예를 들면, 경영성과금, 복지제도, 사내동아리, 승진, 호봉, 직무급, 연봉 책정방식 등— 내용을 확인해 보아야 한다. 더욱 수월하게 취업규칙을 작성하고자 한다면 고용노동부 홈페이지에서 '표준 취업규칙'을 다운받아서 활용해 볼 수 있다. 단, 우리 기업에 적합한 내용인지, 어떤 효과가 있는지 미리 파악해 보는 관점에서 외부 전문가의 조언을 통해 작성하기 바란다.

8. 노사협의회

노사협의회는 「근로자참여 및 협력증진에 관한 법률」에 의거 상시근로자 수 30인 이상 사업장에서 의무적으로 설치하고 운영해야 한다. 노사협의회라는 표현이 다소 거창해 보일 수 있겠지만, 필자는 이를 "학급회의"에 비유하여 설명하곤 한다. 학급회의 역시 정기적으로 이런저런 논의사항들에 대해 형식에 구애받지 않고 자유로이 학교나 학급의 현황을 보고하고, 학급의 주요 사항들에 대해 의결하며, 장기적인 문제들에 대해 협의하는 과정을 거치기 때문이다. 노사협의회 역시 "정기적이고 자유로운 회의를 통해 노사가 협의사항과 의결사항 그리고 보고사항에 대해 논의하는 자리"이다.

노사협의회는 근로자와 사용자 쌍방이 참여와 협력을 통하여 노사공동의 이익을 증진함으로써 산업 평화를 도모하고 국민경제 발전에 이바지함을 목적으로 하는 것이기 때문에 법률적인 제약이 크다고 보긴 어렵고, 노사자치를 위해 참여를 독려하는 개념으로 생각하면 된다. 아래에는 노사협의회 운영을 위한 기본 틀인 노사협의회 규정을 기재해둔다. 이는 고용노동부에서 배포한 내용을 기준으로 필자가 가공한 것임을 밝혀둔다.

※ 노사협의회 규정 예시 (고용노동부 배포자료 참고)

(회사명) 노사협의회 운영규정

제정 20 . . .

제1장 총 칙

제1조 (목적)
본 규정은 근로자와 사용자 쌍방이 이해와 협조를 통하여 노사공동의 이익을 증진함으로써 (회사명)의 발전과 근로자복지증진에 기여함을 목적으로 한다.

제2조 (명칭 및 소재)
노사협의회는 본사 회의실에 설치하고 명칭은 "(회사명) 노사협의회"(이하 "협의회"라 함)라 한다.

제3조 (신의성실의 의무)
근로자와 사용자는 상호신뢰를 바탕으로 성실하게 협의에 임하여야 한다.

제4조 (노동조합과의 관계)

노동조합의 단체교섭 및 기타 모든 활동은 이 규정에 의하여 영향을 받지 않는다.

제5조 (사용자의 의무)

① 사용자는 근로자위원의 선출에 개입하거나 방해해서는 안 된다.

② 사용자는 근로자위원의 업무를 위하여 장소제공 등 기본적인 편의를 제공한다.

제2장 협의회의 구성

제6조 (협의회의 구성)

① 협의회는 근로자와 사용자를 대표하는 각 3인의 위원으로 구성한다.

※ 노사협의회 위원은 노사동수로 구성하되 노사 각 3인 이상 10인 이내로 구성하면 된다.

② 근로자를 대표하는 위원(이하 "근로자위원"이라 한다)은 근로자가 선출한다.

③ 사용자를 대표하는 위원(이하 "사용자위원"이라 한다)은 다음과 같다.

가. 대표자 나. 관리부서장 다. 기타 대표자가 위촉하는 임직원

제7조 (의장)

① 협의회의 의장은 위원 중에서 호선한다. 이 경우 근로자위원과 사용자위원 중 각 1인을 공동의장으로 한다.
② 의장은 협의회를 대표하며 회의업무를 총괄한다.
③ 의장의 임기는 1년으로 한다.

제8조 (간사)

① 노사 쌍방은 회의의 기록 등 사무를 담당하는 간사 1인을 각각 둔다.
② 간사는 근로자위원 및 사용자위원 중에서 각각 호선하여 선출된 자로 한다.

제9조 (위원의 임기)

① 위원의 임기는 3년으로 하되 연임할 수 있다.
② 보궐위원의 임기는 전임자의 잔임기간으로 한다.

③ 위원은 그 임기가 만료된 경우라도 그 후임자가 선출될 때까지 계속 그 직무를 담당한다.

제10조 (위원의 신분)
① 위원은 비상임·무보수로 한다.
② 위원의 협의회 출석에 소요되는 시간에 대하여는 근로한 것으로 본다.

제11조 (실무소위원회)
① 협의회는 상정된 안건의 사전심의를 위하여 실무소위원회를 구성할 수 있다.
② 실무소위원회는 노사위원 각각 2인으로 구성한다.
③ 노사일방의 협의회 대표는 실무소위원회의 개최가 필요하다고 인정되는 경우 상대방에게 7일 전까지 이를 통보하여야 한다. 다만, 긴급하거나 신속한 결정이 요구되는 경우는 예외로 한다.

제3장 근로자위원 선출

제12조 (선거관리위원회 구성)

① 근로자위원 선출에 관한 선거관리위원회(이하 "선관위"라 한다)는 5인 이내의 위원으로 구성한다.

② 선관위는 선거공고일부터 14일 전에 구성한다.

제13조 (선거관리위원회의 임무)

선관위의 임무는 다음 각 호와 같다.

1. 선거 및 일정공고
2. 투표 및 입후보자 등록 등에 관한 사항
3. 당선자 결정에 관한 사항
4. 기타 선거와 관련된 사항

제14조 (선거관리위원 선출)

선거관리위원은 선거관리에 참여를 희망하는 근로자 중에서 추첨에 의하여 결정한다.

제15조 (선거일)

근로자위원 선거는 근로자위원 임기 만료일 15일 이전에 실시한다.

제16조 (후보 등록)

① 근로자위원에 입후보하고자 하는 자는 당해 사업장의 근로자 10인 이상의 추천(복수추천 가능)을 받아 선관위에 등록하여야 한다.

② 선거관리위원은 공정한 투표관리를 위하여 근로자위원에 입후보할 수 없다.

제17조 (근로자위원 선출)

① 근로자위원은 직접, 비밀, 무기명투표에 의하여 선출한다.

② 근로자위원은 부서별 인원비례에 따라 배정된 인원을 선출하되 당선자는 투표결과 다수득표자 순으로 한다.

③ 득표수가 같을 때에는 장기근속자, 연장자순으로 당선자를 결정한다.

제18조 (보궐선거)

① 근로자위원에 결원이 생긴 때에는 결원이 발생한 날부터 30일 이내에 보궐선거를 실시한다.

② 제①항에 불구하고 제17주에 의한 근로자위원으로 선출되지 못한 자 중 다수득표자순에 의한 차점자 명부를 작성.보관하고 근로자위원의 결원을 보궐선거 없이 명부상 서열에 따라 충원할 수 있다.

제4장 협의회의 운영

제19조 (협의회 회의)

  ① 협의회의 정기회의는 매분기 마지막월 첫째주에 개최한다.

  ※ *분기별로 날짜를 지정하여 1회 이상 개최해야 한다.*

  ② 협의회는 노사대표가 안건을 제기하는 경우 임시회의를 개최할 수 있다.

  ③ 협의회의 회기는 협의회 개최공고시 정하여 공고한다.

제20조 (회의소집)

  ① 협의회의 회의는 의장이 소집한다.

  ② 의장은 노사일방의 대표자가 회의의 목적 등을 문서로 명시하여 회의의 소집을 요구할 때에는 이에 응하여야 한다.

  ③ 의장은 회의 개최 7일전에 회의일시, 장소, 의제 등을 각 위원에게 통보하여야 한다.

제21조 (정족수)

회의는 근로자위원과 사용자위원의 각 과반수의 출석으로 개최하고 출석위원 3분의 2 이상의 찬성으로 의결한다.

제22조 (회의의 공개)

협의회 회의는 공개한다. 다만, 출석위원 과반수의 의결이 있는 경우 비공개할 수 있다.

제23조 (비밀유지)

① 협의회의 위원은 협의회에서 알게 된 비밀을 누설하여서는 아니된다. 다만, 비밀의 범위는 매 회의에서 정한다.
② 협의회위원이 비밀을 누설한 경우에는 징계위원회에 회부한다.

제24조 (회의록 비치)

① 회의록은 노사 쌍방의 간사 중 1인이 작성하여 각 1부씩 보관한다.
② 협의회는 다음 각호의 사항을 기록한 회의록을 작성·비치한다.
    가. 개최일시 및 장소   나. 출석위원
    다. 협의내용 및 이견사항   리. 기타 토의사항
③ 회의록에는 출석위원 전원이 서명·날인한다.
④ 회의록은 작성일부터 3년간 보존한다.

제5장 협의회의 임무

제25조 (협의사항)

① 협의회는 다음 각호의 1에 해당하는 사항을 협의한다.
   1. 생산성 향상과 성과 배분
   2. 근로자의 채용·배치 및 교육훈련
   3. 근로자의 고충처리
   4. 안전, 보건, 그 밖의 작업환경 개선과 근로자의 건강증진
   5. 인사·노무관리의 제도 개선
   6. 경영상 또는 기술상의 사정으로 인한 인력의 배치전환·재훈련·해고 등 고용조정의 일반원칙
   7. 작업과 휴게 시간의 운용
   8. 임금의 지불방법·체계·구조 등의 제도 개선
   9. 신기계·기술의 도입 또는 작업 공정의 개선
   10. 작업 수칙의 제정 또는 개정
   11. 종업원지주제(從業員持株制)와 그 밖에 근로자의 재산 형성에 관한 지원
   12. 직무 발명 등과 관련하여 해당 근로자에 대한 보상에 관한 사항
   13. 근로자의 복지증진

14. 사업장 내 근로자 감시 설비의 설치

15. 여성근로자의 모성보호 및 일과 가정생활의 양립을 지원하기 위한 사항

16. 그 밖의 노사협조에 관한 사항

② 협의회는 제1항의 각호의 사항에 대하여 의결할 수 있다.

제26조 (의결사항)

회사는 다음 각호의 1에 해당하는 사항에 대해서는 협의회의 의결을 거쳐야 한다.

1. 근로자의 교육훈련 및 능력개발 기본 계획의 수립

2. 복지시설의 설치와 관리

3. 사내근로복지기금의 설치

4. 고충처리위원회에서 의결되지 아니한 사항

5. 각종 노사공동위원회의 설치

제27조 (보고사항)

① 사업주는 정기회의에 다음 각호의 1에 해당하는 사항에 관하여 성실하게 보고, 설명하여야 한다.

1. 경영계획 전반 및 실적에 관한 사항

2. 분기별 생산계획 및 실적에 관한 사항

3. 인력계획에 관한 사항

4. 기업의 경제적 재정적 현황

5. 안전보건에 관한 사항

② 근로자위원은 제1항의 규정에 의한 보고·설명을 이행하지 아니하는 경우에는 제1항의 각호에 관한 자료의 제출을 요구할 수 있으며, 사업주는 이에 성실히 응해야 한다.

③ 근로자위원은 근로자의 요구사항을 보고·설명할 수 있다.

제28조 (의결사항 등의 공지)

① 의장은 협의회에서 의결된 사항을 10일 이내에 공고하여야 한다.

② 협의회는 협의회 운영에 관한 사항을 간행물, 전용게시판 등의 방법으로 안내하여야 한다.

제29조 (의결사항의 이행)

근로자와 사용자는 협의회에서 의결된 사항을 성실하게 이행하고 그 결과를 상호 신속히 통보하여야 한다.

제30조 (임의중재)

① 협의회는 노사대표 각 3인으로 중재위원회를 구성할 수 있다.

② 중재위원회는 다음 각호의 사항에 대하여 중재한다.
  1. 제26조에 규정된 사항에 관하여 협의회가 의결하지 못한 경우
  2. 협의회에서 의결된 사항의 해석 또는 이행방법 등에 관하여 의견이 불일치가 있는 경우
  3. 기타 중재가 필요한 경우
③ 제2항의 규정에도 중재가 성립하지 않을 경우에는 노동위원회에 중재신청을 할 수 있다.
④ 제2항 및 제3항의 규정에 의한 중재결정이 있는 때에는 협의회의 의결을 거친 것으로 보며 근로자와 사용자는 이에 따라야 한다.

제6장 고 충 처 리

제31조 (고충처리위원회)
  ① 근로자의 고충을 청취하고 이를 처리하기 위하여 고충처리위원회를 설치 운영한다.
  ② 고충처리위원회는 사업장 단위로 설치한다.

제32조 (고충처리위원회의 구성)

① 고충처리위원은 협의회위원 중에서 호선하여 노사 각 1인의 위원으로 구성한다.

※ 고충처리위원은 노사를 대표하는 3인 이내의 위원으로 구성

② 고충처리위원의 임기는 3년으로 한다.

③ 사원 고충사항을 효과적으로 처리하기 위해 상담원과 사외상담원을 둘 수 있다. 이때 사외상담원은 법률, 병무, 건강, 인생, 결혼 등 분야별 학식과 덕망이 있는 인사를 선정하여 위촉할 수 있다.

제33조 (고충의 처리)

① 근로자는 고충처리위원에게 구두 또는 서면으로 상담을 신청한다.

② 상담신청을 접수한 고충처리위원은 당해 근로자의 고충을 성실히 청취한 후 접수일로부터 10일 이내에 처리결과를 해당 사원에게 서면으로 통보하여야 한다. 다만 사외 상담원의 상담을 요할 시에는 상담일정을 별도로 지정하여 상담을 실시할수 있다.

③ 고충처리위원이 처리하기 곤란한 사항에 대해서는 협의회에 부의하여 협의 처리한다.

제34조 (상담실운영)
근로자의 고충을 처리하기 위하여 총무부 및 노동조합 사무실에 고충처리 상담실을 설치·운영한다.

제35조 (대장비치)
고충처리위원은 고충사항의 접수 및 그 처리에 관한 대장을 작성·비치하고 이를 1년간 보존한다.

제7장 보 칙

제36조 (대표위원의 권한위임)
노사 쌍방의 대표위원은 필요시 그 권한을 다른 위원에게 위임할 수 있다.

제37조 (신고의무사항)
협의회와 관련하여 노동부에 신고하여야 할 제반 사항은 사용자 측에서 한다.

제38조 (운영세칙)
협의회는 협의회운영 등과 관련된 사항에 대하여 운영세칙을 작성할 수 있다.

> 제39조 (규정외의 사항)
> 이 규정에 명시되지 않은 사항에 대해서는 법령 및 통상관례에 따른다.
>
> 부   칙
>
> 이 규정은 20 . . . 부터 시행한다.

노사협의회에서 가장 중요한 내용은 앞서 설명한 바와 같이 협의사항과 의결사항 그리고 보고사항에 대해서 정기적으로 논의하는 것이다. 이는 위 노사협의회 규정 제5장에 자세히 기재되어 있으니 참고하기 바란다. (*[부록 4] 노사협의회 회의록 – 근로기준법 시행규칙 별시서식*)

또한, 「근로자참여 및 협력증진에 관한 법률」에서 노사협의회와 함께 중요하게 규정하고 있는 것이 바로 고충처리제도이다. 이는 노사협의회 규정에 함께 규정되는 부분이기도 하지만, 실무적인 차원에서는 말 그대로 근로자들의 불만과 애로사항 등을 청취하고 이를 신속하고 공정하게 해결할 수 있는 방안을 마련하도록 노력하라는 의미로 받아들이면 된다. (*[부록 5] 고충처리대장 – 근로기준법 시행규칙 별지서식*)

9. 노무관리 진단이란 (체크 리스트)

이제까지 일반적으로 기업에 필요한 노무관리 필수 사항들을 정리해 보았다. 이 장에서는 앞에서 설명한 내용을 종합적으로 확인해 볼 수 있도록 실무적인 차원에서 접근해 보도록 하겠다. 이를 노무관리 진단이라 칭한다.

먼저 노무관리에 대한 약식 진단법을 설명하겠다. 아래 점검표는 노무법인 송민에서 활용하는 것이다.

항목	점검사항	진단 결과
근로계약서	임금 (구성항목, 계산방법)	
	소정근로시간	
	근로일, 휴일, 휴가	
	직무 및 근로장소	
	근로계약기간	
	연장근로 등	
취업규칙	수당에 관한 사항	
	교대근무에 관한 사항	
	표창과 징계에 관한 사항	
	안전과 보건에 관한 사항	
퇴직금	중간정산의 적법성	
	퇴직연금 도입여부	

근로자명부	근로자 기초정보에 관한 사항	
	인사이동에 관한 사항	
임금대장	필수기재사항	
	최저임금 준수 여부	
	통상임금과 법정수당	
	평균임금에 관한 사항	
	연차수당 지급에 관한 사항	
	임금 공제액의 적법성	
동의서, 합의서	근로자대표선임 및 합의 (변형 근로시간제 및 연차대체 관련)	
법정 의무교육	실시여부 및 자료보존	
4대보험신고	입퇴사관리 및 보수총액	
기타서류보존	근로계약서, 임금대장 등	

각각의 점검사항들은 이미 앞에서 설명하였기에 구체적인 것은 생략하겠다. 그럼에도 위 표를 제시한 이유는 우리 기업의 노무관리 상태가 어떤지 한눈에 확인할 수 있게 하기 위함이다. 위 표를 통한 진단결과가 조금이라도 부족하거나, 위법성이 존재하는 경우에는 반드시 이를 보완하여야 한다.

다음에서는 더욱 상세한 관점에서의 진단법을 설명토록 하겠다. 아래 내용들은 고용노동부에서 배포한 자료와 점검표 등을 기반으로 필자가 편집 및 가공한 것들임을 밝힌다.

먼저 근로시간에 대한 부분이다. 2020년 현재 이른바 주 52시간제는 상시근로자 수 50인 이상 사업장에 적용되고 있으며, 5인 이상 50인 미만 사업장은 2021년 7월 1일부터 적용될 예정이다.

근로시간의 대원칙은 법정 근로시간(일일 8시간, 한 주 40시간)을 한도로 소정근로시간을 정할 수 있다는 것과 한 주간 연장근로의 최대한도는 소정근로시간을 포함하여 최대 52시간이라는 점, 휴일에 근로하는 경우에는 통상임금의 50% 이상을 가산하여 지급해야 한다는 점, 야간에 근로하는 경우에는 통상임금의 50% 이상을 가산하여 지급해야 한다는 점이다. ─5인 미만 사업장은 해당 없음.─

이를 근로자의 형태별로 구분하여 아래 표로 구분해 보겠다.

	법정근로	연장근로	야간근로	휴일근로
상용직	-	합의	-	-
단시간	상용직에 비해 근로시간이 짧은 근로자	동의	-	-
15세이상 18세 미만 근로자	1일 7시간 이내 한 주 35시간 이내	1일 1시간 한 주 5시간 (추가 연장근로 불가)	동의 및 인가	동의 및 인가
임신 중인 여성근로자	-	불가	명시적 청구 및 인가	명시적 청구 및 인가

산후 1년 이내 여성근로자	-	1일 2시간 이내 한 주 6시간 이내 1년 150시간 이내	동의 및 인가	동의 및 인가
18세 이상 여성근로자	-	합의	동의	동의

위 표의 내용과 함께 근기법 제74조에 의한 임신기 근로시간 단축에 관한 내용과 「남녀고용평등과 일·가정 양립 지원에 관한 법률」 제19조의2에 따른 육아기 근로시간 단축제도, 동법 제22조의3에 따른 가족돌봄 등 근로시간 단축제도가 존재한다.

다음은 휴일 및 휴가에 관한 진단 내용이다. 단, 한 주 근로시간이 15시간 미만인 단시간 근로자는 휴일과 연차유급휴가에 관한 규정이 적용되지 않는다.

주휴일	한 주 동안의 소정근로일을 개근한 경우 한 주에 평균 1회 이상의 유급휴일을 부여
공휴일	국경일과 대체 공휴일을 유급으로 부여 단, 근로자대표와 서면합의를 하는 경우 다른 날로 대체 가능
보상휴가	근로자대표와 서면합의가 있는 경우 연장, 야간, 휴일 근로에 대한 가산임금 대신 휴가로 부여하는 것
연차유급휴가	「근로기준법」 제60조 조문해설 참고
근로자의 날	유급휴일로 부여(출근한 경우 휴일근로수당 지급)
출산 전후 휴가 유산, 사산 휴가	「근로기준법」 제74조 조문해설 참고

육아시간	생후 1년 미만의 유아를 가진 여성 근로자가 청구하면 1일 2회 각각 30분 이상의 유급 수유시간을 부여
배우자 출산휴가	출산일로부터 90일 이내 10일의 유급휴가 부여(1회 분할 가능)
난임치료 휴가	근로자가 인공수정 또는 체외수정 등 난임치료를 받기 위해 휴가를 청구하는 경우 연간 3일 이내의 휴가를 부여 (최초 1일은 유급, 시기 변경 가능)

※ 공휴일(국경일)은 상시 300인 이상의 근로자를 사용하는 사업 또는 사업장 및 공공기관 등은 2020년도부터, 30인 이상 300인 미만 사업장에는 2021년도부터, 5인 이상 30인 미만 사업장에는 2022년도부터 유급휴일로 적용된다. 즉 기업의 상시근로자 수에 따라 단계적으로 공휴일을 유급휴일로 적용하는 것이다.

실무상 골치 아픈 주제 중 하나가 바로 법정 의무교육이다. 최근에는 법정 의무교육을 가장하여 상품홍보 및 보험판매를 유도하는 업체들이 많으니 주의해야 한다. 직장 내 법정 의무교육은 직장 내 성희롱 예방 교육, 퇴직연금 도입 사업장의 소속 직원들에 대한 퇴직연금제도 교육, 장애인 인식개선 교육, 산업안전 교육 등이 있으며 이들 교육은 기업 내 상시근로자 수 및 업종 등에 따라 교육방식과 교육횟수에 대한 의무가 주어진다. 일반적으로는 사내에서 자체적인 교육을 통해 진행할 수 있으며, 반드시 외부기관을 통해 받아야 하는 교육은 산업안전 교육뿐이니 ─이것도 업종과 규모에 따라 다르다.─ 안전보건공단 또는 사업장

주소지 관할 고용노동지청 산재예방지도과를 통해 확인해 보아야 한다.

 법정 의무교육에서 가장 중요한 것은 교육을 시행했는지에 대한 확인서이다. 이는 개별 근로자 단독으로 실시할 수도 있고, 근로자 전체에 대한 집체교육 형태로도 실시할 수 있다. 단, 교육 시행 시에는 반드시 관련 교육내용에 대한 교육 훈련 참가 확인서를 받아두어야 한다.

직장 내 성희롱 예방교육의 내용과 방법은 아래 표와 같다.

- 교육대상 • 사업주 및 근로자 전원
- 교육횟수 • 매년 1회 이상
- 교육내용 • 직장 내 성희롱에 관한 법령 • 직장 내 성희롱 발생 시 처리절차와 조치 기준 • 직장 내 성희롱 피해근로자의 고충 상담 및 구제절차 등
- 교육방법 • 개별교육 및 집체교육, 사이버 교육 등 방식의 제한은 없으나 교육 실시 여부에 대한 자료는 보존해두어야 함
- 예외 • 상시 10인 미만 사업장 또는 사업주와 근로자 모두 어느 하나의 성(남성, 여성)으로만 구성된 사업은 교육자료의 게시 또는 배포 등의 방법으로 진행 가능

퇴직연금 제도에 대한 교육은 퇴직연금에 가입한 기업에 해당하는 의무교육이며, 해당 기업의 퇴직연금 가입자를 대상으로 매년 1회 이상 실시해야 한다. 내용과 방법 등은 아래 표와 같다.

교육방법	교육내용
· 수시로 열람할 수 있도록 사내 인트라넷 또는 게시판에 게시 단, 제도 도입 후 최초 교육은 교육자료를 직원에게 우편으로 발송하거나, 직원 교육 및 회의 등을 통해 대면하여 전달해야 한다.	· 급여종류에 관한 사항, 수급요건, 급여액 등 제도별 특징 및 차이점 · 담보대출, 중도인출, 지연이자 등 · 해당 사업의 퇴직연금제도 운영에 관한 사항 · 급여 또는 부담금 산정의 기준이 되는 임금 등에 관한 사항 · 퇴직 시 급여 지급절차 및 개인형 퇴직연금 제도로의 적립금 이전에 관한 사항 · 연금소득세, 퇴직소득세 등 과세체계에 관한 사항 · 해당 사업의 퇴직연금제도를 중단하거나 폐지하는 경우 그 처리방법 · 가입자의 소득, 자산, 부채, 나이 및 근속연수 등을 고려한 자산
확정급여형(DB) · 서면 또는 전자우편 등을 통한 정기적인 교육자료의 발송 · 직원연수 · 조회 · 회의 · 강의 등의 대면 교육의 실시 · 정보통신망을 통한 온라인 교육의 실시	확정급여형(DB) · 최근 3년간의 부담금 납입 현황 · 급여종류별 표준적인 급여액 수준 · 직전 사업연도 말 기준 최소적립금 대비 적립금 현황 · 재정안정화계획서를 작성하는 경우 그 계획서 및 이행 상황

	· 그밖에 적립금 운용현황, 운용목표 등에 관한 사항
확정기여형(DC) · 서면 또는 전자우편 등을 통한 정기적인 교육자료의 발송 · 직원연수·조회·회의·강의 등의 대면 교육의 실시 · 정보통신망을 통한 온라인 교육의 실시	확정기여형(DC) · 사용자의 부담금 수준, 납입시기 및 납입 현황 · 법 제23조에 따라 둘 이상의 사용자가 참여하는 확정기여형 퇴직연금제도의 경우 표준규약 및 표준계약서에 관한 사항 · (퇴직연금사업자와 협조) 분산투자 등 적립금의 안정적 운용을 위하여 행하는 투자원칙에 관한 사항 · (퇴직연금사업자와 협조) 퇴직연금사업자가 제시하는 집합투자증권 등 적립금 운용방법별 수익구조, 매도기준가, 투자위험 및 수수료 등에 관한 사항

산업안전 및 보건에 관한 교육은 업종과 규모, 지위에 따라 그 방식과 시간이 상이하다. 그렇기 때문에 구체적인 내용은 반드시 고용노동부 또는 산업안전공단을 통해 확인해 보기 바란다. 이 책에서는 공통적으로 적용되는 내용만 정리해 보도록 하겠다.

적용 제외 사업장	· 광산안전법/원자력안전법/항공안전법/선박안전법 등 적용사업〈보건+일부 제외〉 · 산업 코드가 582, 62~66, 71~72, 73(제외:73303), 75, 87 · 상시 50명 미만이고, 산업 코드가 01, 03, 39, 47, 591, 59202, 60, 68(제외:6821), 70, 76, 86(제외:861), 90, 91, 94, 96(제외:9691) · 산업 코드가 84, 85(제외: 85614), 99 · 사무직 종사 근로자만 사용하는 사업장		
교육 대상	사무직 - 매 분기 3시간 이상	교육내용	· 산업안전 및 사고예방에 관한 사항 · 산업보건 및 직업병 예방에 관한 사항 · 건강증진 및 질병 예방에 관한 사항 · 유해·위험 작업환경 관리에 관한 사항 · 산업안전보건법 및 일반관리에 관한 사항 · 산업재해보상보험 제도에 관한 사항
	판매직 - 매 분기 6시간 이상		
	판매직 외 - 매 분기 6시간 이상		
교육 대상	관리감독자의 지위 - 연간 16시간 이상	교육내용	· 작업공정의 유해·위험과 재해 예방대책에 관한 사항 · 표준안전작업방법 및 지도요령에 관한 사항 · 관리감독자의 역할과 임무에 관한 사항 · 산업보건 및 직업병 예방에 관한 사항 · 유해·위험 작업환경 관리에 관한 사항 · 산업안전보건법 및 일반관리에 관한 사항
- 교육시간 예외 : 50인 미만의 도매업과 숙박 및 음식점업은 위 교육시간의 1/2 이상			
- 자체 교육 시 강사 자격 : 관리감독자, 안전보건관리담당자, 안전보건관리책임자, 안전관리자, 보건관리자, 산업보건의, 안전보건공단의 강사요원 교육과정 이수자, 산업안전지도사, 산업보건지도사, 기타 고용노동부 고시 참고			

법정 교육에 대한 서식은 [부록 6]을 참고하여 기업의 특성 및 교육 상황 등에 맞게 수정해서 활용하면 된다.

기업에는 여러 가지 의무들이 존재한다. 이를 기준으로 노무관리 진단을 실시할 수 있는데, 상시 필요한 의무가 바로 게시, 주지 등 비치 의무이다. 이는 사내게시판이나 인트라넷 등을 통해 구성원 누구나 쉽게 접근하여 열람할 수 있는 형태이면 충분하다. 주요 게시 의무는 다음과 같다.

내용	대상	벌칙
근로기준법과 동법 시행령의 요지 및 취업규칙	5인 이상 사업장	500만 원 이하 과태료
기숙사규정과 기숙사규칙	기숙사를 설치한 5인 이상 사업장	500만 원 이하 과태료
직장 내 성희롱 예방교육 자료	근로자를 고용한 모든 사업장	500만 원 이하 과태료
적극적 고용개선조치 시행계획 및 이행실적	300인 이상 사업장	–
산업안전보건법과 동법 시행령의 요지	근로자를 고용한 모든 사업장	500만 원 이하 과태료
안전보건관리규정 등	업종 및 규모에 따라 상이	500만 원 이하 과태료
최저임금	근로자를 고용한 모든 사업장	100만 원 이하 과태료

다음은 근로자에 대한 정당한 사유 없이 불리한 처우나 차별을 하는 것에 관한 내용이다.

불리한 처우 및 차별적 처우 등 내용	관련조문	벌칙
강제근로 금지	근기법 제7조	5년 이하 징역 또는 5천만 원 이하 벌금
폭행 금지	근기법 제8조	
취업방해 금지	근기법 제40조	
직장 내 괴롭힘 발생 시 조치	근기법 제76조의3	3년 이하 징역 또는 3천만 원 이하 벌금
감독기관에 대한 신고	근기법 제104조	2년 이하 징역 또는 2천만 원 이하 벌금
직장 내 성희롱 발생 시 조치	고평법 제14조	3년 이하 징역 또는 3천만 원 이하 벌금
고객 등에 의한 성희롱 방지	고평법 제14조의2	500만 원 이하 과태료
난임치료휴가	고평법 제18조의3	
배우자 출산휴가	고평법 제18조의2	3년 이하 징역 또는 3천만 원 이하 벌금
육아휴직	고평법 제19조	
육아기근로시간 단축	고평법 제19조의2	
가족돌봄 휴가	고평법 제22조의2	
가족돌봄 근로시간 단축	고평법 제22조의3	
불리한 처우 금지	기간제법 제16조	2년 이하 징역, 1천만 원 이하 벌금
근로조건 차별 금지	근기법 제6조	5백만 원 이하 벌금
모집과 채용시 남녀 차별 금지	고평법 제7조	
임금 외의 금품 남녀 차별 금지	고평법 제9조	
교육, 배치, 승진 남녀 차별 금지	고평법 제10조	
정년, 퇴직, 해고 남녀 차별 금지 등	고평법 제11조	5년 이하 징역 또는 3천만 원 이하 벌금
기간제 및 단시간 근로자 차별 금지	기간제법 제8조	시정요구 및 1억 원 이하 과태료
파견근로자 차별 금지	파견법 제21조	
연령 차별 금지	고령자고용법 제4조의4	5백만 원 이하 벌금

위 내용들이 일반적으로 기업에 필요한 노무관리 기준이다. 기타 노동관서에 대한 신고의무 등도 존재하지만 상황에 따라 필요치 않은 것들도 있기 때문에 생략하겠다.

10. 자율점검 (고용노동부 기준)

고용노동부에서는 노동법률 준수여부를 기업이 스스로 확인할 수 있는 여러 가지 기준들을 제시하고 있다. 특히 2019년도에는 대구지방고용노동청에서 "노동법 핵심[기본]사항 지키기(V.3)」 매뉴얼"을 발간하였는데 앞의 "노무관리 진단" 부분에서도 이를 참고하여 설명하였음을 밝힌다. 또한, 아래의 내용도 고용노동부 매뉴얼을 기준으로 필자가 가공한 것이다.

노무관리 진단을 위한 전반적인 내용들은 아래 6가지로 구분할 수 있다.

구분		법령 명칭 및 법령 조항
① 근로조건의 명시	근로기준법	제17조(근로조건의 명시) ①항, ②항
	기간제법	제17조(근로조건의 서면명시)
② 임금체불 예방	근로기준법	제36조(금품 청산)
		제43조(임금 지급)
		제56조(연장·야간 및 휴일 근로)
	퇴직급여법	제9조(퇴직금의 지급)
③ 최저임금 준수	최저임금법	제6조(최저임금의 효력) ①항, ②항, ⑦항
		제11조(주지 의무)
④ 직장 내 성희롱 예방	남녀고용 평등법	제13조(직장 내 성희롱 예방교육 등) ①항, ③항
		제7조(모집과 채용) ②항
		제12조(직장 내 성희롱의 금지)

⑤ 비정규직 차별 금지			제14조(직장 내 성희롱 발생시 조치) ⑤항
			제19조(육아휴직) ①항
	기간제법		제8조(차별적 처우의 금지) ①항, ②항
	파견법		제21조(차별적 처우의 금지 및 시정 등) ①항
⑥ 기타	근로기준법		제42조(계약 서류의 보존)
			제48조(임금대장)
			제93조(취업규칙의 작성·신고)
			제94조(규칙의 작성, 변경절차) ①~②항
			제7조(강제 근로의 금지)
			제8조(폭행의 금지)
			제53조(연장근로의 제한) ①항
			제54조(휴게) ①항
			제60조(연차유급휴가) ①~②항
			제63조 등 감시적, 단속적 근로자 적용제외 승인
			제71조(시간외 근로)
			제74조(임산부의 보호) ①항, ⑥항
	파견법		제5조(근로자 파견 대상업무 등) ⑤항
	근로자 참여법		제12조(회의) ①항
			제18조(협의회 규정) ①항
			제20조~제22조(협의사항, 의결사항, 보고사항 등)
	노동조합법		제81조(부당노동행위)
	근로기준법		제26조(해고의 예고)

위 표의 항목을 기준으로 아래에서 ①부터 ⑥까지에 대해 자세히 설명하겠다.

① 근로조건의 명시

해당 법 조항 (위반 시 처벌)	준수여부 확인사항
▶ 근로기준법	
〈법 제17조(근로조건의 명시)〉 ① 사용자는 근로계약을 체결할 때에 근로자에게 다음 각 호의 사항을 명시하여야 한다. 근로계약 체결 후 다음 각 호의 사항을 변경하는 경우에도 또한 같다. 1. 임금 2. 소정근로시간 3. 제55조에 따른 휴일 4. 제60조에 따른 연차 유급휴가 5. 그밖에 대통령령으로 정하는 근로조건 ※ 벌금 (500만원 이하)	☑ 아래 항목이 모두 명시되어 있는지 확인 ① 임금의 구성항목·계산방법·지급방법 ② 소정근로시간 ③ 제55조에 따른 휴일(주휴일) ④ 제60조에 따른 연차 유급휴가 〈그 밖에 대통령령으로 정하는 근로조건〉 ⑤ 취업의 장소와 종사하여야 할 업무에 관한 사항 ⑥ 취업규칙(법제93조) 작성(1호~12호) 규정에서 정 한 사항 ⑦ 부속 기숙사에 기숙하는 경우 기숙사 규칙에서 정한 사항
② 사용자는 제1항제1호와 관련한 임금의 구성항목·계산방법·지급방법 및 제2호부터 제4호까지의 사항이 명시된 서면을 근로자에게 교부하여야 한다. 다만, 본문에 따른 사항이 단체협약 또는 취업규칙의 변경 등 대통령령으로 정하는 사유로 인하여 변경되는 경우에는 근로자의 요구가 있으면 그 근로자에게 교부하여야 한다. ※ 벌금 (500만원 이하)	☑ 아래 항목이 명시된 근로계약서를 해당 근로자에게 교부하였는지 확인 ① 임금의 구성항목·계산방법·지급방법 ② 소정근로시간 ③ 제55조에 따른 휴일(주휴일) ④ 제60조에 따른 연차 유급휴가 ☑ (단서) 아래 사유로 변경된 경우가 있는지 확인 1. 근로자대표와의 서면합의에 의해 변경 (법 51②, 52, 57, 58②③, 59, 62) 2~4. 취업규칙, 단체협약, 법령에 따라 변경

▶ 기간제법 (기간제 및 단시간근로자 보호 등에 관한 법률)	
〈법 제17조(근로조건의 서면명시)〉 【일부】 사용자는 기간제 근로자 또는 단시간 근로자와 근로계약을 체결하는 때에는 다음 각 호의 모든 사항을 서면으로 명시하여야 한다. 다만, 제6호는 단시간 근로자에 한한다. 1~6호. 생략(우측과 같음) ※ 과태료 (500만원 이하)	☑ 아래 항목을 서면으로 모두 명시하였는지 확인 ① 근로계약기간에 관한 사항 ② 근로시간·휴게에 관한 사항 ③ 임금의 구성항목·계산방법 및 지불방법에 관한사항 ④ 휴일·휴가에 관한 사항 ⑤ 취업의 장소와 종사하여야 할 업무에 관한 사항 ⑥ (단시간근로자) 근로일 및 근로일별 근로시간

② 임금체불 예방

해당 법 조항 (위반 시 처벌)	준수여부 확인사항
▶ 근로기준법	
〈법 제36소 (금품 정산)〉 사용자는 근로자가 사망 또는 퇴직한 경우에는 그 지급 사유가 발생한 때부터 14일 이내에 임금, 보상금, 그 밖에 일체의 금품을 지급하여야 한다. 다만, 특별한 사정이 있을 경우에는 당사자 사이의 합의에 의하여 기일을 연장할 수 있다. ※ (반의사불벌죄) 3년 이하 징역 또는 3천만 원 이하 벌금	☑ 지급사유가 발생한 때부터 14일 이내에 지급하였는지 확인 ☑ [예외] 특별한 사정과 당사자 사이의 합의에 의하여 기일을 연장하였는지 확인 ☑ 임금을 통화로 직접 지급(계좌이체 등)하는지 확인 ☑ 월 1회 이상 정기적으로 지급하는지 확인

〈법 제43조 (임금 지급)〉 ① 임금은 통화로 직접 근로자에게 그 전액을 지급하여야 한다. 다만, 법령 또는 단체협약에 특별한 규정이 있는 경우에는 임금의 일부를 공제하거나 통화 이외의 것으로 지급할 수 있다. ② 임금은 매월 1회 이상 일정한 날짜를 정하여 지급하여야 한다. 다만, 임시로 지급하는 임금, 수당, 그 밖에 이에 준하는 것 또는 대통령령으로 정하는 임금에 대하여는 그러하지 아니하다. ※ (반의사불벌죄) 3년 이하 징역 또는 3천만 원 이하 벌금	〈단서 : 정기지급 예외 임금〉 1. 1개월을 초과하는 기간의 출근성적에 따라 지급하는 정근수당 2. 1개월을 초과하는 일정기간을 계속하여 근무한 경우에 지급되는 근속수당 3. 1개월을 초과하는 기간에 걸친 사유에 따라 산정되는 장려금, 능률수당 또는 상여금 4. 그 밖에 부정기적으로 지급되는 모든 수당
〈법 제56조 (연장·야간 및 휴일 근로)〉【5명 이상】 [①내지③항] 연장근로, 휴일근로, 야간근로(오후 10시부터 다음 날 오전 6시 사이의 근로)에 대하여는 통상임금의 100분의 50 이상을 가산하여 근로자에게 지급하여야 한다. ※ (반의사불벌죄) 3년 이하 징역 또는 3천만 원 이하 벌금	☑ 상시 5인 이상에 해당하는지 확인 ☑ 아래 항목의 근로시간에 대해 통상임금의 50% 이상을 가산하여 지급하는지 확인 ① 연장근로시간 ② 휴일근로시간 ③ 야간근로시간
▶ 퇴직급여법 (근로자퇴직급여 보장법)	
〈법 제9조 (퇴직금의 지급)〉 사용자는 근로자가 퇴직한 경우에는 그 지급사유가 발생한 날부터 14일 이내에 퇴직금을 지급하여야 한다. 다만, 특별한 사정이 있는 경우에는 당사자 간의 합의에 따라 지급기일을 연장할 수 있다. ※ (반의사불벌죄) 3년 이하 징역 또는 2천만 원 이하 벌금	☑ 지급사유가 발생한 날부터 14일 이내에 퇴직금을 지급하였는지 확인 ☑ [예외] 특별한 사정과 당사자 사이의 합의에 의하여 지급기일을 연장하였는지 확인

③ 최저임금 준수

해당 법 조항 (위반 시 처벌)	준수여부 확인사항
▶ 최저임금법	
〈법 제6조 (최저임금의 효력)〉 ① 사용자는 최저임금의 적용을 받는 근로자에게 최저임금액 이상의 임금을 지급해야 한다. ※ 3년 이하 징역 또는 2천만원 이하 벌금(병과 가능) ② 사용자는 이 법에 따른 최저임금을 이유로 종전의 임금수준을 낮추어서는 아니 된다. ※ 3년 이하 징역 또는 2천만원 이하 벌금(병과 가능)	☑ 매년 최저임금액 이상의 임금을 지급하는지 확인 〈최저시급 및 월환산액(209시간) 기준〉 - 2021년 = 8,720원 월환산액 = 1,822,480원 - 2020년 = 8,590원 월환산액 = 1,795,310원 - 2019년 = 8,350원 월환산액 = 1,745,150원 - 2018년 = 7,530원 월환산액 = 1,573,770원 ☑ 최저임금에 산입하지 않는 임금이 최저임금에 산입되어 있는지 확인 (개정: 2019.1.1.) ☑ 최저임금의 90% 이상 적용 가능한 근로자에 해당하는지 확인(개정: 2018.3.20.) - 단순 노무종사자가 아니고, 계약기간이 1년 이상이고, 수습 3개월 이내인 경우 ☑ 최저임금 인상 등을 이유로 종전의 임금수준을 낮추었는지 확인
⑦ 도급으로 사업을 행하는 경우 도급인이 책임져야 할 사유로 수급인이 근로자에게 최저임금액에 미치지 못하는 임금을 지급한 경우 도급인은 해당 수급인과 연대하여 책임을 진다.	☑ 도급으로 사업을 행하는 경우인지 확인 ☑ 도급인이 책임져야 할 사유가 있는지 확인

※ 2년 이하 징역 또는 1천만 원 이하 벌금	
〈법 제11조(주지 의무)〉 최저임금의 적용을 받는 사용자는 대통령령으로 정하는 바에 따라 해당 최저임금을 그 사업의 근로자가 쉽게 볼 수 있는 장소에 게시하거나 그 외의 적당한 방법으로 근로자에게 널리 알려야 한다. ※ 과태료 (100만 원 이하)	☑ 아래 사항을 최저임금의 효력발생일 전날까지 근로자에게 주지시켰는지 확인 ① 적용을 받는 근로자의 최저임금액 ② 최저임금에 산입하지 아니하는 임금 (제6조 제4항) ③ 최저임금의 적용을 제외할 근로자의 범위(제7조) ④ 최저임금의 효력발생 연월일 ☑ 주지방법이 적정한지에 대해 확인 근로자가 쉽게 볼 수 있는 장소에 게시 또는 그 외의 적당한 방법으로 알려야 함

④ 직장 내 성희롱 예방

해당 법 조항 (위반 시 처벌)	준수여부 확인사항
▶ 남녀고용평등법 (남녀고용평등과 일·가정양립 지원에 관한 법률)	
〈법 제13조(직장 내 성희롱 예방 교육 등)〉 ① 사업주는 직장 내 성희롱을 예방하고 근로자가 안전한 근로환경에서 일할 수 있는 여건을 조성하기 위하여 직장 내 성희롱의 예방을 위한 교육을 매년 실시하여야 한다. ※ 과태료 (5백만 원 이하)	☑ 다음 내용을 포함한 성희롱 예방교육을 매년 (연 1회 이상) 실시하는지 확인 * (교육방법) 직원연수, 조회, 회의, 사이버교육 등 1) 직장 내 성희롱에 관한 법령 2) 해당 사업장의 직장 내 성희롱 발생 시의 처리절차와 조치 기준 3) 직장 내 성희롱 피해근로자의 고충상담 및 구제절차 4) 그 밖에 직장 내 성희롱 예방에 필요한 사항

③ 사업주는 성희롱 예방 교육의 내용을 근로자가 자유롭게 열람할 수 있는 장소에 항상 게시하거나 갖추어 두어 근로자에게 널리 알려야 한다. ※ 과태료 (5백만 원 이하)	☑ [예외] 다음 사업주는 교육내용을 근로자가 알 수 있도록 교육자료 또는 홍보물을 게시·배포로 갈음 - 상시 10명 미만 사업, 모두가 하나의 性(성)만 구성 ☑ 교육내용을 자유롭게 열람할 수 있도록 게시 또는 구비되어 있는지 확인
〈법 제7조(모집과 채용) 제2항〉 ② 사업주는 여성 근로자를 모집·채용할 때 그 직무의 수행에 필요하지 아니한 용모·키·체중 등의 신체적 조건, 미혼 조건, 그 밖에 고용노동부령으로 정하는 조건을 제시하거나 요구하여서는 아니 된다. ※ 벌금 (500만 원 이하)	☑ 직무의 수행에 필요하지 아니하는 아래 항목을 제시하거나 요구한 경우가 있는지 확인 - 용모·키·체중 등의 신체적 조건 - 미혼 조건 등
〈법 제12조(직장 내 성희롱의 금지)〉 사업주, 상급자 또는 근로자는 직장 내 성희롱을 하여서는 아니 된다. ※ 과태료 (1천만 원 이하)	☑ 직장 내 성희롱* 발생 가능성이 있는 부서, 업무, 시간대 등에 대해 파악하고 있는지 확인 * 사업주·상급자 또는 근로자가 직장 내의 지위를 이용하거나 업무와 관련하여 다른 근로자에게 성적언동 등으로 성적 굴욕감 또는 혐오감을 느끼게 하거나 성적언동 또는 그 밖의 요구 등에 따르지 아니하였다는 이유로 근로조건 및 고용에서 불이익을 주는 것

〈법 제14조(직장 내 성희롱 발생 시 조치) 제5항〉 ⑤ 사업주는 제2항에 따른 조사 결과 직장 내 성희롱 발생 사실이 확인된 때에는 지체 없이 직장 내 성희롱 행위를 한 사람에 대하여 징계, 근무장소의 변경 등 필요한 조치를 하여야 한다. 이 경우 사업주는 징계 등의 조치를 하기 전에 그 조치에 대하여 직장 내 성희롱 피해를 입은 근로자의 의견을 들어야 한다. ※ 과태료 (500만 원 이하)	☑ 직장 내 성희롱 발생 사실이 확인된 때에, 다음의 조치를 하였는지 확인 - 징계, 근무 장소의 변경 등 ☑ 징계 등의 조치를 하기 전에 피해 근로자의 의견을 들었는지 확인
〈법 제19조(육아휴직) 제1항〉 ① 사업주는 근로자가 만 8세 이하 또는 초등학교 2학년 이하의 자녀(입양한 자녀를 포함한다)를 양육하기 위하여 휴직을 신청하는 경우에 이를 허용하여야 한다. 다만, 대통령령으로 정하는 경우에는 그러하지 아니하다. ※ 벌금 (500만 원 이하)	☑ 신청서 작성 및 절차가 갖추어져 있는지 확인 - 육아휴직 대상 영유아의 성명, 생년월일 - 휴직개시 예정일, 육아휴직을 종료하려는 날 - 육아휴직 신청연월일, 신청인 등에 대한 사항 ☑ 허용하지 아니할 수 있는 경우 - 계속근로기간 6개월 미만(휴직개시일 기준) - 같은 영유아에 대해 배우자가 육아휴직 중일 때

⑤ 비정규직 차별적 처우 금지

해당 법 조항 (위반 시 처벌)	준수여부 확인사항
▶ 기간제법 (기간제 및 단시간근로자 보호 등에 관한 법률)	
〈법 제8조(차별적 처우의 금지)〉【5명 이상】 ① 사용자는 기간제근로자임을 이유로 당해 사업 또는 사업장에서 동종 또는 유사한 업무에 종사하는 기간의 정함이 없는 근로계약을 체결한 근로자에 비하여 차별적 처우를 하여서는 아니 된다. ※ 미시정시 노동위원회 통보 ※ 확정된 시정명령 미이행시 1억 원 이하의 과태료	☑ 동종 또는 유사한 업무에 종사하는 비교대상 근로자가 있는지 확인 - 기간제근로자 / 무기계약근로자 - 단시간근로자 / 통상근로자 ☑ 아래항목에 대한 차별적 처우(합리적인 이유 없이 불리하게 처우하는 것)가 있는지 확인 ① 임금 ② 정기상여금, 명절상여금 등 정기적으로 지급되는 상여금 ③ 경영성과에 따른 성과금 ④ 그 밖의 근로조건 및 복리후생 등에 관한 사항(금품 이외의 시설이용, 현물 등)
② 사용자는 단시간근로자임을 이유로 당해 사업 또는 사업장에서 동종 또는 유사한 업무에 종사하는 통상근로자에 비하여 차별적 처우를 하여서는 아니 된다. ※ 미시정시 노동위원회 통보 ※ 확정된 시정명령 미이행시 1억 원 이하의 과태료	
▶ 파견법 (파견근로자보호 등에 관한 법률)	
〈법 제21조(차별적 처우의 금지 및 시정 등)〉 [5명 이상] ① 파견사업주와 사용사업주는 파견근로자라는 이유로 사용사업주의 사업 내의 같은 종류의 업무 또는 유사한 업무를 수행하는 근로자에 비하여 파견근로자에게 차별적 처우를 하여서는 아니 된다.	☑ 다음의 비교대상 근로자가 있는지 확인 - 파견근로자 / 사용사업주의 사업 내의 같은 종류의 업무 또는 유사한 업무를 수행하는 근로자

※ 미시정시 노동위원회 통보 ※ 확정된 시정명령 미이행시 1억 원 이하의 과태료	☑ 아래항목에 대한 차별적처우(합리적인 이유 없이 불리하게 처우하는 것)가 있는지 확인 ① 임금 ② 정기상여금, 명절상여금 등 정기적으로 지급되는 상여금 ③ 경영성과에 따른 성과금 ④ 그 밖의 근로조건 및 복리후생 등에 관한 사항(금품 이외의 시설이용, 현물 등)

⑥ 기 타

해당 법 조항 (위반 시 처벌)	준수여부 확인사항
▶ 근로기준법	
〈법 제42조(계약 서류의 보존)〉 사용자는 근로자 명부와 대통령령으로 정하는 근로계약에 관한 중요한 서류를 3년간 보존하여야 한다 ※[참고] '근로자명부(별지16)와 임금대장(별지17)'을 통합하여 사용하거나 그 서식을 변경하여 사용할 수 있다(규칙 제16조제2항) ※ 과태료 (500만 원 이하)	☑ 아래 항목의 서류를 3년간 보존하고 있는지 확인w① 근로자명부 (미작성 가능 : 30일 미만 일용근로자) ② 근로계약서 ③ 임금대장 ④ 임금의 결정·지급방법과 임금계산의 기초에 관한 서류 ⑤ 고용·해고·퇴직에 관한 서류 ⑥ 승급·감급에 관한 서류 ⑦ 휴가에 관한 서류 ⑧ 서면합의 서류 - 탄력적 근로시간제(3개월이내 단위기간), 선택적 근로시간제, 근로시간 계산특례, 근로시간 및 휴게시간의 특례 ⑨ 연소자(18세 미만)의 증명에 관한 서류

〈법 제48조(임금대장)〉 사용자는 각 사업장별로 임금대장을 작성하고, 임금과 가족수당 계산의 기초가 되는 사항, 임금액, 그 밖에 대통령령으로 정하는 사항을 임금을 지급할 때마다 적어야 한다. ※ [참고] '근로자명부(별지16)와 임금대장(별지17)' 을 통합하여 사용하거나 그 서식을 변경하여 사용할 수 있다(규칙 제16조제2항) ※ 과태료 (500만 원 이하)	☑ 아래항목이 모두 기재되어 있는지 확인 ① 성명 ② 생년월일 (제외: 30일 미만 일용근로자) ③ 고용 연월일 ④ 종사하는 업무 ⑤ 임금 및 가족수당의 계산기초가 되는 사항 (제외: 30일 미만 일용근로자) ⑥ 근로일수 ⑦ 근로시간수 (제외: 4명 이하 사업, 근로시간·휴게·휴일에 관한 규정 적용제외 근로자) ⑧ 연장근로, 야간근로 또는 휴일근로를 시킨 경우에는 그 시간수 (제외: 4명 이하 사업, 근로시간·휴게·휴일에 관한 규정 적용제외 근로자) ⑨ 기본급, 수당, 그 밖의 임금의 내역별 금액 ⑩ 임금의 일부를 공제한 경우 그 금액(법 제43조 제1항 단서)
〈법 제93조(취업규칙의 작성·신고)〉 【10명 이상】 상시 10명 이상의 근로자를 사용하는 사용자는 다음 각 호의 사항에 관한 취업규칙을 작성하여 고용노동부장관에게 신고하여야 한다. 이를 변경하는 경우에도 또한 같다. ※ 과태료 (500만 원 이하)	☑ 법 적용(상시 10인 이상) 대상 여부 확인 *신고시 첨부서류 : 과반수 의견청취 or 동의서 등 ☑ 아래 항목이 취업규칙에 작성되어 있는지 확인 ① 업무의 시작과 종료 시각, 휴게시간, 휴일, 휴가 및 교대 근로에 관한 사항 ② 임금의 결정·계산·지급 방법, 임금의 산정기간·지급시기 및 승급(昇給)에 관한 사항

	③ 가족수당의 계산·지급 방법에 관한 사항 ④ 퇴직에 관한 사항 ⑤ 「근로자퇴직급여 보장법」 제4조에 따라 설정된 퇴직급여, 상여 및 최저임금에 관한 사항 ⑥ 근로자의 식비, 작업 용품 등의 부담에 관한 사항 ⑦ 근로자를 위한 교육시설에 관한 사항 ⑧ 출산전후휴가·육아휴직 등 근로자의 모성 보호 및 일·가정 양립 지원에 관한 사항 ⑨ 안전과 보건에 관한 사항 ⑩ 근로자의 성별·연령 또는 신체적 조건 등의 특성에 따른 사업장 환경의 개선에 관한 사항 ⑪ 업무상과 업무외의 재해부조(災害扶助)에 관한 사항 ⑫ 직장 내 괴롭힘의 예방 및 발생 시 조치 등에 관한사항 ⑬ 표창과 제재에 관한 사항 ⑭ 그 밖에 해당 사업 또는 사업장의 근로자 전체에 적용될 사항
〈법 제94조(규칙의 작성, 변경절차)〉 【10명 이상】 ① 사용자는 취업규칙의 작성 또는 변경에 관하여 해당 사업 또는 사업장에 근로자의 과반수로 조직된 노동조합이 있는 경우에는 그 노동조합, 근로자의 과반수로 조직된 노동조합이 없는 경우에	☑ 신규/변경 작성인 경우, 아래사항에 대해 확인 - 과반수 노동조합이나 근로자 과반수의 의견 청취 - 고용노동부에 취업규칙 신고서 제출 - (변경) 변경 전·후의 비교표 작성

는 근로자의 과반수의 의견을 들어야 한다. 다만, 취업규칙을 근로자에게 불리하게 변경하는 경우에는 그 동의를 받아야 한다. ② 사용자는 제93조에 따라 취업규칙을 신고할 때에는 제1항의 의견을 적은 서면을 첨부하여야 한다. ※ 벌금 (500만 원 이하)	☑ 불리하게 변경하는 경우, 아래사항에 대해 확인 - 과반수 노동조합이나 근로자 과반수의 동의 - 고용노동부에 취업규칙 신고서 제출 - 변경 전·후의 비교표 작성
〈법 제7조(강제 근로의 금지)〉 사용자는 폭행, 협박, 감금, 그 밖에 정신상 또는 신체상의 자유를 부당하게 구속하는 수단으로써 근로자의 자유의사에 어긋나는 근로를 강요하지 못한다. ※ 5년 이하의 징역 또는 5천만 원 이하의 벌금	* 사용자 : 사업주 또는 사업경영담당자, 그 밖에 근로자에 관한 사항에 대하여 사업주를 위하여 행위하는 자 ☑ 다음의 수단으로, 근로 강요가 있는지 확인 - 폭행, 협박, 감금, 정신상 또는 신체상의 자유를 부당하게 구속하는 수단
〈법 제8조(폭행의 금지)〉 사용사는 사고의 발생이나 그 밖의 어떠한 이유로도 근로자에게 폭행을 하지 못한다. ※ 5년 이하의 징역 또는 5천만 원 이하의 벌금	☑ 근로자에게 어떠한 이유로도 폭행할 수 없다는 것에 대해 사용자가 알고 있는지 확인
〈법 제53조(연장 근로의 제한)〉【5명 이상】 ① 당사자 간에 합의하면 1주 간에 12시간을 한도로 제50조의 근로시간을 연장할 수 있다.	☑ 연장근로시간 한도(1주 12시간)를 준수하는지 확인 <table><tr><td colspan="2">〈적용 예외자〉</td></tr><tr><td>15세~18세 미만 (제69조)</td><td>산후1년 이내 여성(제71조)</td></tr><tr><td colspan="2">1일 1시간, 주5시간, 1일 2시간, 주6시간, 1년 150시간</td></tr></table>

※ 2년 이하의 징역 또는 2천만 원 이하의 벌금	☑ 당사자 간 합의가 있는지 확인

근로시간 4시간인 경우	휴게시간 30분 이상
근로시간 8시간인 경우	휴게시간 1시간 이상

〈법 제54조(휴게)〉 ① 사용자는 근로시간이 4시간인 경우에는 30분 이상, 8시간인 경우에는 1시간 이상의 휴게시간을 근로시간 도중에 주어야 한다. ※ 2년 이하의 징역 또는 2천만 원 이하의 벌금	☑ (근로자가 자유롭게 이용할 수 있는) 휴게시간을 준수하고 있는지 확인 * (참고) 근로시간 1시간당 : 휴게시간 7분 30초 이상
〈법 제60조(연차유급휴가)〉【5명 이상】 ① 사용자는 1년간 80퍼센트 이상 출근한 근로자에게 15일의 유급휴가를 주어야 한다. ② 사용자는 계속하여 근로한 기간이 1년 미만인 근로자 또는 1년간 80퍼센트 미만 출근한 근로자에게 1개월 개근 시 1일의 유급휴가를 주어야 한다. ※ 2년 이하의 징역 또는 2천만 원 이하의 벌금	☑ 개인별 연차유급휴가일수 산출이 적정한지 확인 * 1년 초과 매 2년마다 1일 가산, 최대 25일 〈출근한 것으로 보는 경우〉 1. 업무상의 부상 또는 실병으로 휴업한 기간 2. 임신 중의 여성이 출산전후휴가 등으로 휴업한 기간 3. 남녀고용평등법에 따른 육아휴직으로 휴업한 기간 ☑ (적용 제외) 1주 소정 근로시간(4주 평균) 15시간 미만 근로자

☞ 감시 또는 단속적으로 근로에 종사하는 자에 대한 적용제외 승인 요건
* (근거) 근로기준법 63조, 시행규칙10조, 집무규정68조〈19.9.1.개정시행〉

감시적 근로 종사자 (모두 해당)	단속적 근로 종사자 (모두 해당)
1. 수위·경비원·물품감시원 또는 계수기감시원 등과 같이 심신의 피로가 적은 노무에 종사하는 경우. 다만, 감시적 업무이기는 하나 잠시도 감시를 소홀히 할 수 없는 고도의 정신적 긴장이 요구되는 경우는 제외 2. 감시적인 업무가 본래의 업무이나 불규칙적으로 단시간 동안 타 업무를 수행하는 경우. 다만, 감시적 업무라도 타 업무를 반복하여 수행하거나 겸직하는 경우는 제외 3. 사업주의 지배하에 있는 1일 근로시간이 12시간 이내인 경우 또는 다음 각목의 어느 하나에 해당하는 격일제(24시간 교대) 근무의 경우 가. 수면시간 또는 자유로이 이용할 수 있는 휴게시간이 8시간 이상 확보되어 있는 경우 나. 가목의 요건이 확보되지 아니하더라도 공동주택 경비원에 있어서는 당사자 간의 합의가 있고 다음날 24시간의 휴무가 보장되어 있는 경우 4. 근로자가 자유로이 이용할 수 있는 별도의 수면시설 또는 휴게시설이 마련되어 있는 경우 5. 근로자가 감시적근로자로서 근로시간, 휴게, 휴일에 관한 규정의 적용이 제외된다는 것을 알 수 있도록 근로계약서, 확인서 등에서 명시하고 있는 경우	1. 평소의 업무는 한가하지만 기계고장 수리 등 돌발적인 사고발생에 대비하여 간헐적·단속적으로 근로자 이루어져 휴게시간이나 대기시간이 많은 업무인 경우 2. 실근로시간이 8시간 이내이면서 전체 근무시간의 절반 이하인 업무의 경우. 다만, 격일제(24시간 교대) 근무인 경우에는 당사자간의 합의가 있고, 실근로시간이 전체 근무시간의 절반 이하이면서 다음날 24시간의 휴무가 보장되어야 한다. 3. 대기시간에 근로자가 자유로이 이용할 수 있는 별도의 수면 또는 휴게시설이 마련되어 있는 경우 4. 근로자가 단속적 근로자로서 근로시간, 휴게, 휴일에 관한 규정의 적용이 제외된다는 것을 알 수 있도록 근로계약서, 확인서 등에서 명시하고 있는 경우

〈법 제71조(시간외근로)〉 사용자는 산후 1년이 지나지 아니한 여성에 대하여는 단체협약이 있는 경우라도 1일에 2시간, 1주에 6시간, 1년에 150시간을 초과하는 시간외근로를 시키지 못한다. ※ 2년 이하의 징역 또는 2천만 원 이하의 벌금	☑ 산후 1년이 지나지 않은 여성근로자가 있는지 확인 ☑ 시간외근로 한도를 준수하는지 확인 - 1일 2시간, 1주 6시간, 1년 150시간 이내
〈법 제74조(임산부의 보호)〉 ① 사용자는 임신 중의 여성에게 출산 전과 출산 후를 통하여 90일(한 번에 둘 이상 자녀를 임신한 경우에는 120일)의 출산전후휴가를 주어야 한다. 이 경우 휴가 기간의 배정은 출산 후에 45일(한 번에 둘 이상 자녀를 임신한 경우에는 60일) 이상이 되어야 한다. ※ 2년 이하의 징역 또는 2천만 원 이하의 벌금	☑ 임신 중의 여성에게 아래 항목을 준수하는지 확인 ① 출산전후휴가 90일(다태아의 경우 120일) 이상 부여 * 최초 60일(다태아는 75일)은 유급(통상임금) ② 출산 후(출산일 제외) 45일(다태아는 60일) 이상 부여 ③ 분할 사용*할 수 있도록 허용 하는지 * 유산사산경험, 청구당시 만 40세 이상, 의료기간진단 ④ 유산 또는 사산한 경우에도 법적 휴가를 부여
⑥ 사업주는 제1항에 따른 출산전후휴가 종료 후에는 휴가 전과 동일한 업무 또는 동등한 수준의 임금을 지급하는 직무에 복귀시켜야 한다. ※ 벌금 500만 원이하	⑤ 근로시간단축(1일 2시간)을 허용하는지 * (대상) 임신 후 12주 이내 또는 36주 이상 ☑ 고용보험법에 의한 출산전후휴가급여 등 신청에 대해 안내 및 사업주확인서 발급을 해 주는지 확인 ☑ 휴가종료 후에 다음사항을 준수하는지 확인 - 휴가 전(前)과 동일한 업무 또는 동등수준의 임금을 지급 하는 직무에 복귀 - 복귀 후 30일 동안 해고 금지

▶ 파견법 (파견근로자보호 등에 관한 법률)	
〈법 제5조(근로자파견 대상업무 등) 제5항〉 ⑤ 누구든지 제1항부터 제4항까지의 규정을 위반하여 근로자파견사업을 하거나 그 근로자파견사업을 하는 자로부터 근로자파견의 역무를 제공받아서는 아니된다. ※ 3년 이하의 징역 또는 3천만 원 이하의 벌금	☑ 근로자파견 대상업무에 해당하는지 확인 ① 전문지식·기술·경험 또는 업무성질 등을 고려 (별표1) ② 출산·질병·부상 등 결원 발생, 일시·간헐 인력확보 필요 〈파견 금지업무〉 제조업의 직접생산 공정업무, 건설공사 현장업무, 근로자공급사업허가지역의 하역업무, 분진 작업업무, 건강관리수첩교부대상 업무, 선원의 업무, 간호조무사의 업무, 의료기사의 업무, 여객자동차운송사업·화물자동차운송사업의 운전업무 등
▶ 근로자참여법 (근로자참여 및 협력증진에 관한 법률)	
〈법 제12조(회의) 제1항〉【30명 이상】 ① 협의회는 3개월마다 정기적으로 회의를 개최하여야 한다. ※ 벌금 200만 원이하	☑ 3개월마다 정기회의를 개최하는지 확인 * 협의회 규정 제정(변경) 시 15일 내 고용노동부에 제출
〈법 제18조(협의회 규정) 제1항〉【30명 이상】 ① 협의회는 그 조직과 운영에 관한 규정(이하 "협의회규정"이라한다)을 제정하고 협의회를 설치한 날부터 15일 이내에 고용노동부장관에게 제출하여야 한다. 이를 변경한 경우에도 또한 같다.	☑ 다음 사항을 준수하는지 확인 - 회의 개최 7일 전에 일시, 장소, 의제 등을 통보 - (정족수)각 과반수의 출석 + 출석 2/3 이상 찬성 - 회의록 비치(3년간 보존) - 협의사항, 의결사항, 보고사항 등(제20조~제22조)

※ 과태료 200만 원이하	☑ 협의회규정* 제정(변경) 시에 제출하였는지 확인 1. 협의회 위원 수(노사 동수/각 3~10명) 2. 근로자위원 선출절차와 후보등록에 관한 사항 3. 사용자위원의 자격에 관한 사항 4. 협의회위원이 근로한 것으로 보는 시간에 관한 사항 5. 회의소집, 회기, 운영에 관한 사항 6. 임의중재의 방법·절차 등에 관한 사항 7. 고충처리위원수 및 고충처리에 관한 사항

〈법 제20조(협의 사항)〉	〈법 제21조(의결 사항)〉	〈법 제22조(보고 사항 등)〉
1. 생산성 향상과 성과배분 2. 근로자의 채용·배치 및 교육훈련 3. 근로자의 고충처리 4. 안전, 보건, 그 밖의 작업환경 개선과 근로자의 건강증진 5. 인사·노무관리의 제도 개선 6. 경영상 또는 기술상의 사정으로 인한 인력의 배치전환·재훈련·해고 등 고용조정의 일반원칙 7. 작업과 휴게 시간의 운용 8. 임금의 지불방법·체계·구조 등의 제도 개선 9. 신기계·기술의 도입 또는 작업공정의 개선	1. 근로자의 교육훈련 및 능력개발 기본계획의 수립 2. 복지시설의 설치와 관리 3. 사내근로복지기금의 설치 4. 고충처리위원회에서 의결되지 아니한 사항 5. 각종 노사공동위원회의 설치	(정기회의에 성실하게 보고 또는 설명) 1. 경영계획 전반 및 실적에 관한 사항 - 단기 및 중장기 경영계획 - 경영실적과 전망 - 기구 개편 - 사업 확장, 합병, 공장 이전 및 휴업·폐업 등 경영상 중요한 결정사항 2. 분기별 생산계획과 실적에 관한 사항 - 분기별 생산계획과 실적 - 사업부서별 목표와 실적 - 신제품개발과 기술·기법의 도입 3. 인력계획에 관한 사항 - 인사방침

10. 작업수칙의 제정 또는 개정 11. 종업원지주제와 그밖에 근로자의 재산형성에 관한 지원 12. 직무 발명 등과 관련하여 해당 근로자에 대한 보상에 관한 사항 13. 근로자의 복지증진 14. 사업장 내 근로자 감시 설비의 설치 15. 여성근로자의 모성보호 및 일과 가정생활의 양립을 지원하기 위한 사항 16. 직장 내 성희롱 및 고객 등에 의한 성희롱 예방에 관한 사항 17. 그 밖의 노사협조에 관한 사항		- 증원이나 감원 등 인력수급계획 - 모집과 훈련 4. 기업의 경제적·재정적 상황 - 재무구조에 관한 일반 현황 - 자산현황과 운용상황 - 부채현황과 상환상황 - 경영수지 현황 5. 사용자가 보고하도록 협의회에서 의결된 사항, 근로자가 정당하게 보고를 요구한 사항

▶ 근로기준법

〈법 제26조 (해고의 예고)〉 사용자는 근로자를 해고(경영상 이유에 의한 해고를 포함한다)하려면 적어도 30일 전에 예고를 하여야 하고, 30일 전에 예고를 하지 아니하였을 때에는 30일분 이상의 통상임금을 지급하여야 한다. 다만, 다음 각 호의 어느 하나에 해당하는 경우에는 그러하지 아니하다.	☑ 근로자를 해고한 사실이 있다면, 30일 전에 예고하거나 통상임금 30일분 이상을 지급하였는지 확인 ☑ 예외 사유(1호~3호)에 해당하는지 확인 〈3. 고용노동부령으로 정하는 사유〉 1) 납품업체로부터 금품이나 향응을 제공받고 불량품을 납품받아 생산에 차질을 가져온 경우

1. [19.01.15.시행] 근로자가 계속 근로한 기간이 3개월 미만인 경우 * 개정 전(제35조): 1) 일용근로자 3개월 미만, 2) 2개월 이내 기간제사용, 3) 월급근로자 6개월 미만, 4) 계절적업무 6개월 이내 기간제사용, 5) 수습사용 중인 근로자(수습사용한 날부터 3개월 이내) 2. 천재·사변, 그 밖의 부득이한 사유로 사업을 계속하는 것이 불가능한 경우 3. 근로자가 고의로 막대한 지장을 초래하거나 재산상 손해를 끼친 경우로서 고용노동부령으로 정하는 사유에 해당하는 경우 ※ 2년 이하의 징역 또는 2천만 원 이하의 벌금	2) 영업용차량을 임의로 타인에게 대리운전하게 하여 교통사고를 일으킨 경우 3) 사업의 기밀이나 그 밖의 정보를 경쟁관계에 있는 다른 사업자 등에게 제공하여 사업에 지장을 가져온 경우 4) 허위사실을 날조하여 유포하거나 불법집단행동을 주도하여 사업에 막대한 지장을 가져온 경우 5) 영업용차량 운송 수입금을 부당하게 착복하는 등 직책을 이용하여 공금을 착복, 장기유용, 횡령 또는 배임한 경우 6) 제품 또는 원료 등을 몰래 훔치거나 불법 반출한 경우 7) 인사경리회계담당 직원이 근로자의 근무상황 실적을 조작하거나 허위서류 등을 작성하여 사업에 손해를 끼친 경우 8) 사업장의 기물을 고의로 파손하여 생산에 막대한 지장을 가져온 경우 9) 그 밖에 사회통념상 고의로 사업에 막대한 지장을 가져오거나 재산상 손해를 끼쳤다고 인정되는 경우

11. 노무관리 주요 상담 사례

지금까지 기업에 실무적으로 필요한 개별적 근로관계에 관한 내용과 노무관리 진단에 필요한 항목들을 설명하였다. 아래에서는 필자가 기업의 경영 자문이나 상담 또는 컨설팅 과정에서 자주 듣는 질문 중 중요하거나 사회적으로 오해가 많은 것들을 간추려서 Q&A 형태로 정리해 보도록 하겠다.

Q1. 어떤 사람을 채용해야 할까요?
A1. 기업에 필요한 요소는 다양합니다. 이 중 대표적인 것이 바로 일과 사람입니다. 일은 직무를 뜻하고, 사람은 인적자원을 말합니다. 직관적으로 표현하자면 기업에 필요한 건 사람보다는 일이겠네요. 불필요한 직무를 위해 사람을 채용하진 않으니까 말입니다. 이러한 직무는 기업 내에서 당연시되는 필수 요소입니다. 직무가 필요 없는 기업은 존재할 수 없기 때문이지요. 그렇기 때문에 결국에는 해당 직무를 성공적으로 수행하기 위한 사람이 필요한 것입니다. 이를 설명한 이유는 바로 직무수행능력이 우선이냐 아니면 우리 기업과 어울리는 사람이 우선이냐를 구분하기 위함입니다. 이를 P-J FIT(직무 적합성)과 P-O FIT(조직 적합성)이라 표현합니다. 즉 직무능력에 중점을 둬서 채용할 것인지 혹은 직무능력도 중요하겠지만 우리 기업에 어울리는 사람인지에 더욱 중

점을 두어 채용할지를 먼저 결정해야 한다는 것입니다. 정답은 없습니다. 이는 우리 기업의 문화나 관행 등을 고려하고, 경영전략 내지는 기업의 미션과 비전 그리고 철학에 따라 그 효과성에 차이가 존재하기 마련이니까요. 더욱 우선시되는 가치가 무엇인지에 따라 달라지는 것입니다. 이는 기업의 조직문화와 연관되는 부분이기도 합니다.

Q2. 근로계약은 반드시 체결해야 하나요?

A2. 반드시 체결해야 합니다. 특히 단시간 근로자, 비정규직 근로자 등은 근로계약을 문서로 체결하지 않았다는 사실만으로도 즉시 과태료 처분을 받게 되며, 정규직 근로자의 경우 즉시 과태료 처분은 아니지만 근로관계에 관한 분쟁이 발생하여 위법사항이 발견되는 경우에는 벌금형에 처할 수 있게 됩니다. 법률규정 때문이 아니더라도, 근로계약도 계약의 일종이기 때문에 반드시 계약서가 존재해야 합니다. 앞서 설명하였지만, 근로자와 사용자가 근로계약을 체결할 때는 언제, 어디로 출근을 하고, 언제 쉬며, 무슨 일을 하고, 이에 대한 보수인 임금을 어떤 명분으로 언제 어떻게 지급할 것인지에 대한 내용을 명확히 기재하여 계약을 체결해야 합니다.

Q3. 근로계약은 매년 체결해야 하나요?

A3. 매년 체결해야 할 필요까지는 없습니다. 중요한 것은 기존에 체결한 근로계약의 내용과 변동되는 것이 있을 때 다시 체결해야 한다는 것

입니다. 즉 직무, 근무지, 임금, 근로시간 등의 변동이 있다면 그 변동일과 변동 내용을 추가로 기재하여 근로계약을 체결하면 됩니다.

Q4. 우리 회사는 연봉계약을 체결하는데요. 근로계약이랑 다른 건가요?
A4. 기업마다 약간씩 다른데, 다르기도 하면서 비슷하기도 합니다. 큰 차이가 있다고 표현하긴 어려우나 연봉계약은 임금에 대한 것이 강조되는 뉘앙스이며, 근로계약은 임금뿐만 아니라 근로계약기간에 대한 것이 강조되는 뉘앙스입니다. 하지만 이는 계약서의 명칭을 기준으로 구분한 것일 뿐, 구체적으로 활용하는 기업마다 다르기도 합니다. 중요한 것은 그 명칭보다는 근로기준법에서 요구하는 근로계약서의 형식이 적법하게 갖추어져 있느냐 하는 것입니다. 조금 더 보태자면, 연봉이란 전년도 근무실적 등에 따라 올해의 임금을 조정하는 형태를 의미하는 것이며, '공헌에 비례하는 임금 지급 원칙'을 실현하는 임금제입니다. 연봉제에는 전액 연봉제, 부분 연봉제, 누적 연봉제, 비누적 연봉제 등 매우 다양한 형태가 존재하며, 기업에 따라 여러 가지의 형태로 도입할 수 있는 '성과에 기반한 유연한 임금제'라 표현할 수 있습니다. 하지만 연봉제라 하더라도 근로기준법의 임금 지급원칙 및 계산방법, 지급수준 등이 무시되면 안 됩니다.

Q5. 수습기간에는 근로계약이나 사대보험이 적용되지 않는다던데 맞나요?

A5. 수습기간은 당연히 근로기간에 당연히 포함됩니다. 근로기간에 포함되기 때문에, 수습기간이 사대보험에 적용되지 않는다는 소문은 근거 없는 얘기이며, 여러 가지 내용들이 섞여서 와전된 것일 뿐입니다.

Q6. 사대보험 가입을 거부하는 직원이 있는데 원하는 대로 해줘도 되나요?

A6. 사대보험은 의무가입입니다. 개인적인 이유 등을 들어 가입하지 않을 수 있는 것이 아닙니다. 오히려 의무가입 대상임에도 불구하고 직원이 원한다고 해서 가입하지 않으면 불이익이 발생하게 되니 반드시 가입해야 합니다. 단순히 표현하자면 사대보험 부분에서 설명한 것처럼, 법률적인 '적용제외자'만 존재할 뿐입니다.

Q7. 수습기간 도중에는 해고해도 되나요?

A7. 해고는 앞서 설명하였던 것처럼, '근로자의 의사에 반하는' 근로계약 해지 행위입니다. 해고는 반드시 '정당한 사유'와 '서면통지' 요건을 갖추어야 합니다. 단, 수습기간 중이라면 일반적인 해고의 '정당한 사유' 보다는 다소 넓게 인정하는 경향이 있긴 하지만, 그렇다고 하더라도 제한 없이 인정하는 것은 절대 아닙니다. 상황에 따라 다르겠지만, 최소한 수습기간 중 면담기록과 해당 행위에 대한 재발 방지 약속 등을 기재한

서약서 정도는 반드시 보전해 두어야 합니다. 해고가 아닌 권고사직은 서로 간 합의이기 때문에 별도의 제약은 없습니다.

Q8. 근로계약은 언제 갱신해야 하나요?
A8. A3와 유사한 내용입니다. 근로조건 등의 변동이 있거나 혹은 기존에 체결한 근로계약에 기간이 설정된 경우 그 기간을 연장하거나, 기한의 정함이 없는 근로계약으로 전환할 때 갱신하면 됩니다.

Q9. 직원이 문제만 일으키고 일도 하지 않습니다. 해고할 수 없나요?
A9. 문제의 종류에 따라 달라집니다. 만약 배임이나 횡령 등의 행위가 존재한다면 해고를 고려할 필요 없이 형사고발 정도를 고민해 보시면 됩니다. 반면 위법행위 또는 그에 준하는 행위가 아닌 지시 불이행, 근태불량, 업무미숙 등이 원인이라면, 그 정도와 횟수에 따라 달라질 수 있겠지만 일반적으로는 해고에 이를 만한 사유로 판단하지 않기 때문에 해고보다는 낮은 수준의 징계나 면담 내지는 교육을 통한 개선을 요구해야 합니다.

Q10. 일용직 근로자와 단시간 근로자가 무슨 차이죠?
A10. 일용직 근로자는 하루 단위로 근로계약이 체결되고 종료되는 형태이며, 단시간 근로자는 근로시간이 짧은 형태를 말합니다. 다시 말해 일용직은 내일의 근로 제공을 사전에 확정할 수도 있고 확정치 않을 수

도 있는 임시고용직 개념에 가까우며, 단시간 근로자는 약정한 근로일에는 출근 의무가 발생하며 출근 의무가 있는 날에 출근하지 않으면 무단결근으로 인한 징계권을 행사할 수 있는 직원입니다. 그렇기 때문에 일용직은 근로자 스스로 내일의 근로제공 여부를 결정할 수 있을 뿐 아니라 출근치 않는다고 하여 결근에 대한 불이익을 가할 수 없습니다. 그저 그날의 일당을 지급하지 않는 것으로 족하게 되는 것이지요. 단시간 근로자는 근로시간만 짧을 뿐 다른 근로조건에 있어선 별다른 차이가 없는 근로계약 형태입니다.

Q11. 아르바이트 유급주휴수당은 어떻게 계산해야 하죠?

A11. 아르바이트는 법률상 단시간 근로자를 표현하는 일상적인 용어입니다. 유급주휴는 한 주간 소정근로시간이 15시간 이상인 근로자에게 부여해야 하는 것이기 때문에, 아르바이트 직원의 한 주간 근로시간(휴게시간 제외)이 15시간 이상이라면, 통상 근로자에게 부여하는 유급주휴 8시간에 비례적으로 계산하면 됩니다. 즉 통상 근로자는 한 주 소정근로시간이 40시간이고 이에 대한 유급주휴는 8시간이므로, 아르바이트 직원의 한 주 소정근로시간이 20시간이라고 한다면 그에 대한 유급주휴는 4시간이 됩니다. 이를 수식으로 표현하면 [8시간 ÷ 40시간 × (아르바이트 직원의 한 주간 소정근로시간)]이 됩니다. 근기법에서는 4주간 소정근로시간을 평균하여 산정한다고 규정하고 있으나, 일반적으로 매주 소정근로시간의 변동 폭이 크거나, 어떤 주의 소정근로시간은

15시간을 초과하고 또 어떤 주의 소정근로시간은 15시간에 미달하는 형태의 아르바이트 형태는 거의 없기 때문에, 여기에서는 한 주간 소정근로시간만을 기준으로 표현한 것입니다.

Q12. 직원 출퇴근 기록을 따로 정리하지 않고 있는데 불이익이 있을까요?
A12. 출퇴근 기록은 곧 임금계산의 기초가 되는 내용입니다. 이론상으로는 출퇴근 기록 없이 임금을 계산할 수 없겠지요. 근기법 제48조 및 동법 시행령 제27조에서도 임금대장의 작성을 위해 필요한 내용 중 근로일수 및 근로시간을 기재하도록 규정하고 있습니다. 다만, 근로자 개인별 근태기록 등 정확한 출퇴근 시간을 기록하기 어려운 상황이라면, 최소한 출근 여부 및 연장근로 여부에 대한 근태기록은 보존하고 있어야 합니다. 다시 말해 별도의 기록이 없다면 모두 정상적으로 출퇴근을 하였다고 가정하고, 휴가나 결근 혹은 연장근로 등에 대해서만 기록을 해두는 방법도 있을 것입니다. 어쨌거나 중요한 것은 임금대장을 작성할 때에는 반드시 근태기록도 존재해야 한다는 것입니다.

Q13. 연차유급휴가를 꼭 줘야 하나요? 다른 회사는 안 준다고 하던데….
A13. 연차유급휴가는 근기법에서 규정하고 있는 필수적 복리후생제도입니다. 하지만 지금도 연차유급휴가를 부여하지 않는 사업장들이 많이 있습니다. 이는 엄연한 위법행위이기 때문에 연차유급휴가를 사용할 수 있는 제도적 환경과 연차유급휴가 미사용분에 대한 연차유급휴가 수

당을 지급하는 방안을 반드시 마련해두어야 합니다. 또한, 올바른 연차유급휴가의 제도 설정은 기업의 생산성 향상에 긍정적인 기능을 수행한다는 연구결과도 존재하기 때문에 연차유급휴가뿐만 아니라 별도의 휴가제도 등의 수립을 적극적으로 권장키도 합니다. 간혹 급여에 연차수당을 미리 포함해서 지급하는 기업도 있습니다. 이 자체만으로 위법하다고 할 수는 없겠지만, 사실상 연차유급휴가를 부여하지 않을 목적이거나 미사용 연차휴가에 대한 수당을 지급하지 않을 목적으로 활용되는 경우가 다반사이기 때문에 바람직한 방법이라고 보기는 매우 어려울 것입니다. 연차유급휴가는 근로자의 자유의지에 따라 사용할 수 있도록 제도화하는 것이 바람직합니다.

Q14. 우리 회사는 자체적인 휴가규정이 있습니다. 법정 연차유급휴가와 조금 다른데 괜찮나요?

A14. 근기법의 내용은 기업이 근로자에게 제공해야 하는 '최소한'의 보장 내용입니다. 중요한 점은 법정 기준과 '다르다'는 것이 아니라, 법정 기준보다 근로자에게 '유리'해야 한다는 것입니다. 즉 앞서 설명한 연차유급휴가의 부여방식을 준수하면서 그보다 유리한 제도를 설정하여야지만 온전한 노무관리가 이루어지는 것입니다. 기업에서 아무리 좋은 제도를 도입해서 운영한다고 하더라도 근기법을 위반하게 되는 결과가 발생한다면 소위 '잘하고도 욕먹는' 결과를 초래하는 것입니다.

Q15. 우리 회사는 반차라는 개념이 있습니다. 연차랑 반차는 다른 거겠죠?

A15. 연차유급휴가는 반드시 1일 단위로 사용해야 하는 것은 아닙니다. 그렇기 때문에 시간 단위 혹은 반일 단위로 나누어 사용하는 것도 가능합니다. 하지만 실제로 시간 단위로 사용하는 경우는 드물고 ―조퇴를 연차로 허용하는 경우도 있긴 합니다.― 대부분 하루 단위로 사용하게끔 하고는 있으나, 반일 개념으로 활용하는 기업들도 꽤 많습니다. 이는 기업의 내부환경 내지는 제도나 관행, 문화 등에 따라 다양하게 적용할 수 있는 것이기 때문에, 굳이 1일 단위로만 사용할 수 있도록 규정할 필요까지는 없습니다. 아울러 반차제도는 연차유급휴가와 구분되는 개념으로 활용할 수 있으며, 연차유급휴가를 나누어 사용하는 것으로도 활용할 수도 있습니다. 개별 기업마다 일관성 있게만 적용할 수 있도록 규정화해두는 것이 좋습니다.

Q16. 연차사용촉진제도를 통해 연차를 지정하였는데도 출근한 직원이 있습니다. 이 경우 연차유급휴가를 사용한 것으로 봐도 되지 않을까요?

A16. 고용노동부 행정해석에 의하면 연차유급휴가 사용촉진제도를 통해 연차유급휴가일을 결정했음에도 불구하고 근로자가 출근한 경우에는 '노무수령 거부권'을 통해 연차유급휴가 사용의 효과를 볼 수 있다고 합니다. 즉 연차유급휴가일을 이유로 직원의 근로제공을 허락하지 않겠다는 명확한 의사 표시를 해야 한다는 것이지요. 사실 이 정도의 상황이 발생하였다면, 직원에게는 나름대로 출근해야 할 이유가 있다는 것인

데, 이를 연차유급휴가 수당을 지급하지 않기 위한 목적으로만 활용하는 것이라면 또 다른 문제를 초래할 수 있습니다. 그렇기 때문에 필자는 기업에서 연차유급휴가 사용촉진제도를 도입하는 것에 다소 부정적인 입장을 표하고 있습니다. 앞서 설명해드린 바와 같이 연차유급휴가제도는 법정 복리후생이기 때문에 될 수 있으면 근로자가 이를 자유롭게 활용할 수 있는 환경을 조성해주는 것이 바람직합니다.

Q17. 여름휴가나 명절은 의무적으로 쉬게 해주어야 하나요?

A17. 국경일에 해당하는 명절은 기업의 규모에 따라 유급휴일에 관한 근기법 제55조제2항의 시행일부터 적용받게 됩니다. 즉 시행일이 적용되는 날부터는 의무적으로 쉬게끔 해야 하며, 만약 휴일을 실시하지 못한 경우라면 휴일근로수당으로 보존해야 합니다. 다만, 여름휴가의 경우에는 기업마다 기간을 정하여 일률적으로 사용하게 할 수도 있으며, 직원별로 휴가일을 각각 정해서 사용하게끔 할 수도 있습니다. 여름휴가는 법정 휴가가 아니기 때문에 연차유급휴가신청을 통해 사용하도록 할 수도 있고, 연차유급휴가와는 별개로 특별휴가의 형태로 사용하게끔 할 수도 있습니다.

Q18. 경조휴가는 어떻게 주어야 하나요?

A18. 경조휴가는 전적으로 도의적인 측면에서 접근해야 합니다. 즉 부여해도 되고 부여하지 않아도 되는 것이지요. 하지만 우리나라 정서상

경조휴가를 부여하지 않는 기업이 있다면 좋지 않은 시선을 받게 될 것이 분명합니다. 그렇기 때문에 경조휴가는 반드시 부여할 것을 권유하고 있으며, 그 일수는 각 사유에 맞게 정하면 되겠으나, 근로자별로 차등을 두어선 안 되고 일률적으로 공평하게 부여할 수 있도록 제도화하는 것이 바람직합니다. 경조비 역시 의무적인 것은 아니나, 기업에서 경조비를 지급키로 결정하였다면, 앞의 경조휴가와 함께 일률적으로 공평하게 지급할 수 있도록 제도화하는 것이 바람직합니다.

Q19. 직원이 병원에 입원해서 병가를 요청하였습니다. 어떻게 해야 하나요?

A19. 병가에 관한 내용은 근기법상 아무런 내용도 규정되어 있지 않습니다. 즉 기업에서 자율적으로 정할 수도 있고, 허용치 않을 수도 있는 것입니다. 다시 말해 병가 규정이 없는 기업이라면 근로자는 연차유급휴가의 신청을 통해 병가에 준하는 휴가를 사용하게끔 할 수 있고, 병가 규정이 있는 기업이라면 규정된 병가 내용을 활용하면 되는 것입니다. 병가를 규정코자 한다면, 반드시 병가를 신청할 수 있는 직원의 요건 ― 예를 들면, 3개월 이상 근속자― 과 각 사유별 신청 한도 그리고 병가기간에 대한 임금 지급 여부 및 그 수준 등을 검토하여 결정하는 것이 바람직합니다. 만약, 해당 직원의 입원 사유가 개인 질병이 아닌 업무상 이유라면 산업재해에 해당하기 때문에, 반드시 산업재해 승인을 위해 조력해두어야 합니다.

Q20. 직원이 일하다 다쳤습니다. 어떻게 해야 하나요?

A20. 반드시 산업재해를 통해 보상을 받을 수 있도록 조력해주어야 합니다. 만약 산업재해 요건에 해당하지 않는 경우라면, 근로기준법상 재해요건에 해당하는지 확인해 보아야 하고, 근로기준법상 재해요건에도 해당하지 않는다면 복리후생적인 측면에서 검토해 보면 됩니다. 기업에서 산업재해가 발생하게 되면 근로복지공단을 통한 산재신청과 함께 사업장 관할 고용노동부에 '산업재해 조사표'를 반드시 제출해야 합니다. 최근에는 출퇴근 중 재해도 산업재해로 보상받을 수 있도록 하는 등 산업재해의 보장 범위가 확대되고 있습니다.

Q21. 근태가 너무 안 좋은 직원이 있습니다. 어떻게 해야 하나요?

A21. 현재의 근기법은 근로자에 대한 사용자의 의무를 중심으로 규정되어 있습니다. 반면에 근로자에게 귀책사유가 있는 행위 등에 대해선 사용자의 징계권을 인정하고 있긴 합니다만 사실상 제한적입니다. 징계는 견책, 감봉, 정직, 해고로 구분되고 있는데, 근태가 좋지 않다는 이유만으로는 해고가 상당히 어렵습니다. 그래서 필자는 이러한 제한적인 법률규정이라 하더라도 근태불량이나 직무수행능력 부족 및 정당한 지시 불이행 등의 행위가 발생하면 반드시 징계권을 행사해야 한다고 설명하고 있습니다. 이러한 징계권의 행사는 해당 근로자에게 실질적인 불이익을 줄 수 있는 수준의 것은 아닐지라도, 그러한 행위들의 지속은 예방할 수 있으며, 만약 예방할 수 없다고 하더라도 사업주의 계속된 재

발 방지 노력과 온전한 근로제공 의무를 다하기 위한 사업주의 지도·감독 등 실질적인 개선 노력이 필요합니다. 이러한 사업주의 노력에도 불구하고 근로자의 행위가 개선되지 않거나 악화되는 상황이 지속된다면, 그제야 비로소 해당 근로자를 정당하게 해고할 수 있는 상황이 마련되기 때문입니다. 즉 사유에 해당하는 적정수준의 징계와 근로자의 태도를 개선할 수 있는 노력 등이 먼저 이행되어야 한다는 것입니다.

Q22. 법정 의무교육을 받아야 한다고 자꾸 전화가 오는데 꼭 받아야 하나요?

A22. 법정 의무교육을 주기적으로 시행해야 하는 건 맞습니다. 다만, 반드시 특정 기관이나 외부 교육업체를 통해서만 교육을 받아야 하는 건 아닙니다. 법정 의무교육은 사업장 내부에서 자체적으로 실시해도 되고, 외부 전문강사나 전문가를 초빙해서 진행해도 됩니다. 즉 주기적으로 교육을 시행해야 하는 것은 맞으나 그 방식은 기업에서 자율적으로 정하여 실시하면 되는 것입니다. 단, 산업재해와 연관된 안전보건 교육은 업종과 규모 등에 따라 그 내용과 실시 시기 및 방법이 다를 수 있으니 반드시 안전보건공단이나 고용노동부 산재예방지도과를 통해 확인해 보아야 합니다.

Q23. 직원 급여는 언제 인상해줘야 하나요?

A23. 급여의 인상 시기는 근기법에서 규정하고 있지 않습니다. 임금

에 대해서는 최저임금 이상을 지급할 것, 연장근로 등 발생 시 법정 계산방식 이상의 금액을 지급할 것, 근로자에게 매월 1회 이상, 정기적으로, 전액을, 직접, 통화로 지급할 것의 내용만 규정되어 있을 뿐입니다. 그렇기 때문에 매년 초 혹은 직원의 근속연수마다 급여를 반드시 인상해줘야 할 의무까지는 없습니다. 단, 이는 노무관리 측면에 국한된 내용이기 때문에, 직원의 사기 진작 측면(인사관리 측면)에서는 적정한 시기에, 정해진 내부 방침에 따라 급여를 인상 혹은 조정해야 할 필요가 있습니다.

Q24. 직무나 직위에 따른 수당을 별도로 책정하고자 합니다. 어떻게 해야 하나요?

A24. 보통 직급수당 또는 직책수당, 자격수당 등의 명칭을 통해 이를 지급하는 기업들이 많이 있습니다. 하지만 필자는 이러한 방식을 권유하지 않습니다. 직급수당이나 직책수당 등은 대부분 통상임금에 해당하기 때문에 법정수당을 지급해야 할 사유가 발생하게 되면 기본급과 직급수당 등 통상임금을 기준으로 계산해야 한다는 번거로움이 발생기 때문입니다. 임금의 구성항목은 법률적으로도 그렇고, 인사관리 측면에서도 가급적 간소화하는 것이 바람직합니다. 즉 법정수당이 아닌 별도의 수당을 신설코자 한다면 차라리 대상 직원들의 임금을 인상하는 방법이 더욱 효율적이라는 것입니다.

Q25. 교대근무자(병원, 숙박업 등)에 대한 임금은 어떻게 설정하고 근로계약서는 어떻게 작성해야 하나요?

A25. 필자는 이러한 업종을 '24시간 연중무휴업'이라 표현합니다. 이들의 공통점은 기업의 영업일을 기준으로 보았을 때 연간 휴업일이 없거나, 직원들의 상시적이고 고정적인 연장근로 및 야간근로가 발생한다는 것입니다. 이러한 업종은 반드시 교대조 및 교대근무에 대한 내용, 교대시간 및 각 근무조별 근로시간과 휴게시간, 교대근무의 패턴, 휴일 또는 휴무일에 관한 내용 등을 비교적 상세히 기재해두어야 합니다. 또한, 근로시간 대비 최저임금 위반 여부를 반드시 확인해 보아야 하고, 임금대장 관리 시 연장근무 등에 따른 법정수당을 명확히 구분하여 기록함으로써 임금에 대한 분쟁요소를 차단해야 합니다. 다시 말해 일반적인 주간 근무자에 대한 근로계약과 비교 시 근로시간과 임금구성항목 등이 더욱 상세히 기재되어 있어야 한다는 것입니다. 가급적이면 전문가의 지도, 자문을 통해 근로계약서를 상세하게 작성하시기 바랍니다.

Q26. 우리 회사는 따로 정한 근로시간이 없고 사실상 자율에 맡기고 있습니다. 이런 경우 근태관리나 근로계약을 어떻게 하면 되나요?

A26. 이를 유연근무제 혹은 자율근무제 또는 유연근무제라 표현하고 있습니다. 근기법에서는 유연근무제의 유형으로 탄력적 근로시간제와 선택적 근로시간제 그리고 재량 근로시간제로 구분하고 있는데, 선택적 근로시간제와 재량 근로시간제가 근로자의 자율에 맡긴 근로시간제입

니다. 재량 근로시간제는 근기법 시행령에서 규정한 전문직종에 해당하는 근로시간제이며, 선택적 근로시간제는 근로자 대표와의 서면 합의를 통해 대상 직종 등을 자율적으로 정할 수 있습니다. 그렇기 때문에 자율근무제를 도입코자 한다면, 반드시 근기법상의 요건을 확인하여 사업장의 현실에 맞게 운영할 수 있는지 검토해 보아야 합니다. 다만, 법정 연장근로 등이 발생치 않고 소정근로시간 내에서만 운영되는 것이라면, 근기법상 요건과 무관하게 더욱 자유로이 도입할 수 있습니다.

Q27. 우리 회사는 임금 전액을 100% 성과에 따라 지급하고 있습니다. 영업사원들은 그렇게 해도 된다던데… 괜찮나요?

A27. 그렇지 않습니다. 이러한 얘기는 ―극단적인 예를 들자면― 근태에 아무런 하자가 없는 직원이 있고, 해당 직원의 성과가 제로라고 한다면, 사실상 급여를 지급하지 않아도 된다는 결론이 도출되게 됩니다. 근기법에서의 임금 지급 기준은 사실상 '근로시간' 한 가지입니다. 근로를 제공한 직원에게 성과가 없다는 이유로 급여를 지급하지 않아도 된다는 내용은 근기법을 정면으로 위반하는 잘못된 내용입니다. 물론, '성과에 비례한 급여'를 책정해서 지급하는 것 자체가 위법이라는 것은 아닙니다. 최소한 근로시간에 비례한 임금은 반드시 지급해야 하고, 성과에 비례한 급여가 근로시간에 비례한 임금보다 근로자에게 불리하지 않은 경우에 한해 비로소 적법성을 인정받게 되는 것입니다.

Q28. 갑자기 연락도 없이 출근하지 않는 직원이 있습니다. 퇴직처리 해도 되나요?

A28. 정당한 사유 없는 무단결근은 근로자의 근로제공 의무에 반하는 행위입니다. 하지만 애석하게도 무단결근이라 하더라도 사용자가 근로자를 해고하기에는 법리적으로 상당한 무리가 따르게 됩니다. 다만, 근로자가 자신의 의무를 명백하게 다하지 않은 것이기 때문에 ―해고에 이르진 못할지라도― 감봉이나 정직의 징계권은 행사할 수 있습니다. 어떤 기업이든 나름대로 질서가 필요합니다. 또한, 징계권을 행사할 때에는 반드시 근로자에게 이에 대한 소명기회를 제공해주어야 합니다. 그리고 징계수위에 있어서는 형평성이 존재해야 합니다. 징계는 기초적인 내부질서를 확립하는 수단으로 적절하고 형평성 있게 활용하는 것이 바람직합니다.

Q29. 업무미숙이나 근태불량 등을 이유로 꾸중을 하였는데 직장 내 괴롭힘으로 고발하겠다고 하네요. 잘못을 지적하는 것도 직장 내 괴롭힘인가요?

A29. 직장 내 괴롭힘이란, '업무상 적정범위를 넘어' 다른 근로자에게 신체적·정신적 고통을 주거나 근무환경을 악화시키는 행위라고 규정되어 있습니다. 그렇기 때문에 업무상 적정범위 내의 지적은 괜찮다는 것으로 해석할 수 있는데요. 중요한 것은 '업무상 적정범위'의 기준입니다. 인간관계라는 것이 칼로 무 자르듯이 여기까지는 직장생활이고 여

기서부터는 사생활이라고 단정할 수 없습니다. 같은 이유로 업무상 적정범위를 설정하는 것 역시 쉬운 일은 아닙니다. 간과하지 말아야 할 점은 바로 징계든 지적이든 그 원인이 '직무상 사유'에 해당한다고 할지라도, '업무상 적정범위'를 넘어서는 행위는 불가하다는 것입니다. ―직무상 사유에 해당하지 않는 것에 대해선 말할 필요도 없는 것이지요.― 그래서 기업에서는 직원의 근태불량이나 지시 불이행, 직무 수행능력 부족 등의 사유에 대한 징계 기준을 명확히 해야 하며, 징계수위나 징계절차를 넘어서는 과도한 불이익을 주어서는 안 된다는 것입니다. 직장 내 괴롭힘이란 한 번 발생하기 시작하면 걷잡을 수 없이 커질 수 있는 문제이기 때문에 항상 예방적인 측면에서 접근해야 하고, 기업의 내부질서 확립을 위한 공정한 징계절차와 수위를 마련해두어야 합니다.

Q30. 기존의 월급보다 적은 금액으로 근로계약을 체결하는 것도 가능한가요?

A30. 가능합니다. 다만, 근기법에서는 '근로조건의 지하'에 대해선 근로자의 명시적인 동의를 요구하고 있습니다. 즉 기존의 근로조건보다 낮은 내용을 설정하여 근로계약을 체결하는 것은 가능하지만, 이를 적용하기 위해선 반드시 근로자의 명시적인 동의 ―변경된 근로조건을 반영한 근로계약의 체결― 가 있어야 합니다.

Q31. 직원의 업무능력이 현재의 직위에 비해 부족해 보입니다. 강등조치가 가능한가요?

A31. 위 30번의 답변과 유사합니다. 현재의 직위도 근로조건에 해당하기 때문에 근로자의 명시적인 동의가 필요합니다. 물론 경우에 따라선 근로자의 동의가 없어도 강등이 가능할 수 있겠지만, 이는 여러 가지 상황들이 뒷받침되어야 합니다. 예를 들어, 해당 사유에 적합한 징계조치를 몇 차례 이행하였음에도 불구하고 개선이 되지 않는다면 낮은 직위로의 강등이 가능할 것입니다. 물론 개별적인 상황에 따라 다르기 때문에 반드시 전문가의 조언을 구하면서 진행하는 것이 바람직합니다.

Q32. 무단결근 중인 직원이 갑자기 퇴직금을 달라고 연락이 왔습니다. 어떻게 해야 하나요?

A32. 먼저 사직하는 것이 맞는지 확인이 필요합니다. 물론, 퇴직금을 청구하는 것이 퇴직을 인정하는 것으로 보일 수 있기도 하겠지만, 번거롭더라도 확실히 짚고 넘어가야 합니다. 만약 사직하는 것이 맞는다면 사직서를 받아두는 것이 좋으며, 사직이 아니라고 한다면 당연히 퇴직금을 지급할 이유도 없을 뿐 아니라 그동안 무단결근에 대한 사유를 확인한 후 징계조치를 취하는 것이 바람직합니다.

Q33. 직원을 해고하면서 해고예고수당을 지급했는데 부당해고라고 합니다. 해고예고수당을 지급했으면 되는 거 아닌가요?

A33. 해고예고수당과 해고의 정당성은 다른 문제입니다. 즉 해고예고는 해고의 정당성을 확보하는 데 있어 부분적인 요소일 뿐입니다. 해고가 정당하려면 그에 합당한 사유가 있어야 하고, 동시에 문서로 이를 통지해야 합니다. 해고사유와 서면통지 요건에 관한 규정 모두를 충족시켜야 비로소 정당한 해고가 되는 것입니다. 이는 현실에서 많은 분들이 오해하고 있는 것 중 하나이기 때문에 반드시 숙지하시길 바랍니다.

Q34. 직원끼리 다투고 갑자기 출근은 하지 않던 직원이 부당해고라고 주장하며 보상해달라고 합니다. 보상해주어야 하나요?

A34. 사업주에게는 직원들이 성실하게 근로를 제공할 수 있는 환경을 마련해주어야 할 의무가 있습니다. 환경은 크게 물리적인 작업환경과 심리적인 작업관계로 구분해 볼 수 있는데, 물리적인 것을 산업안전으로 표현할 수 있고 심리적인 것을 인간관계로 표현할 수 있습니다. 직장 내 원활한 인간관계를 조성해주면 좋겠지만, 사람들 간의 관계이기 때문에 간혹 불미스러운 일들이 발생할 가능성은 항상 존재합니다. 그렇기 때문에 기업의 입장에서는 이러한 것들에 대한 주기적인 점검이 필요합니다. 주기적인 점검을 통해 원활한 직장 내 인간관계를 형성하려고 노력한다면 이와 같은 불미스러운 일이 발생할 가능성은 현저히 낮아지게 됩니다. 그럼에도 불구하고 이러한 일들이 발생하였다면, 무단결근 당사자에 대해선 반드시 출근하지 않은 이유를 확인함과 동시에 출근할 것을 요청해야 합니다. 수차례의 출근 요청에도 응하지 않는다

면 최종적으로 '언제까지 출근하지 않는다면 근로제공 의사가 없는 것으로 간주하여 자진 퇴직으로 처리하겠다.'라는 통보를 반드시 해주어야 합니다. 인사관리와 노무관리의 실무적 핵심은 바로 '기록'입니다.

Q35. 해고예고를 하지 않았습니다. 부당해고인가요?

A35. 해고의 사유와 서면통지 요건을 준수하였다면, 해고예고를 하지 않은 것만으로는 부당해고로 볼 수는 없다는 대법원 판례가 있습니다. 다만, 해고예고수당의 미지급 혹은 해고예고 미이행에 대한 책임은 발생합니다. 해고의 예고와 정당한 해고는 서로 별개의 것이기 때문입니다.

Q36. 회사가 폐업 예정입니다. 이때에도 해고예고를 해야 하나요?

A36. 회사가 폐업한다는 것은 근로계약 당사자 중 일방이 소멸한다는 의미입니다. 사실 당사자의 소멸은 누구도 예측하기 어려운 부분이 있습니다. 사람으로 따지면 사망하는 것과 유사하기 때문이지요. 경영 악화로 인한 폐업은 일반적으로 해고예고의 필요성이 있다고 판단하진 않습니다. 다만, 폐업이 어느 정도 예견되어 있고, 현실화될 가능성이 높은 경우에는 도의적인 측면에서라도 일정 기한 이전에 이를 알릴 필요는 있을 것입니다. 물론, 급작스러운 환경변화 등으로 인해 피치 못할 사정으로 폐업하는 경우라면 근로계약 당사자 간 앙금이 남지 않도록 마무리하는 것이 바람직할 것입니다.

마치며…

필자는 이 책의 제목을 '직원의 불만족을 줄여주는…'으로 표현하였다. 이는 허쯔버그의 2요인 이론을 차용한 것인데, 이는 대표적인 동기부여 이론 중 하나이다. 2요인이란 말 그대로 두 가지 요인에 관한 것인데, 하나의 요인은 동기를 유발시키고, 또 다른 나머지 요인은 동기를 감소시킨다는 내용이다.

※ 참고 : 2요인 이론 (Herzberg, 동기-위생이론)

(1) 의의

허쯔버그는 200여 명의 회계사와 기술자들을 대상으로 12회에 걸친 면접을 통해 직무와 관련된 만족스러웠던 상황과 불만족스러웠던 상황에 대한 자료를 모아서 범주화하여 개인이 직무에 만족하는 동기요인과 만족하지 못하는 위생요인으로 구분하였다. 이러한 동기요인과 위생요인은 각각 다른 차원에서 독립적으로 존재하고 있음을 강조하였다.

(2) 욕구 구분

① 위생요인 : 불만족을 초래하는 요인으로 불만족요인이라고도 부른다. 위생요인은 직무의 외재적 요소를 말하며 주로 임금, 대인관계, 회사정책, 지위 등이 있다. 이러한 위생요인은 불만족을 초래하거나 불만족을 예방하는 역할만 할 뿐 만족을 증가시키거나 동기를 유발하는 것은 아니다.

② 동기요인 : 만족을 초래하는 요인으로 만족요인이라고도 부른다. 동기요인은 주로 내재적 요소를 말하며 성취감, 책임감, 성장, 존경 등이 있다. 이러한 동기요인은 만족감을 주고 동기를 유발시킨다. 반면에 동기요인이 충족되지 않더라도 불만족을 증가시키지는 않으며, 이를 무만족 상태라고 한다.

(3) 특징

만족과 불만족을 동일 선상의 요소로 가정하였던 것과는 달리 만족과 불만족은 별개의 차원이며 각 차원에 영향을 주는 요소 역시 구분되어 있다고 설명한다. 즉 만족의 반대는 불만족이 아니라 만족이 없는 것이라고 주장하였다.

허쯔버그의 2요인 이론은 동기부여의 원천으로 내재적 요인을 중요시하였고, 이로 인해 종업원의 내적욕구를 충족시키는 동기요인의 자극을 위해 직무확대와 직무충실화의 방안이 대두되었다.

2요인 이론은 기업의 경영을 고려한 종업원의 동기유발이론이다. 이는 메슬로우와 알더퍼의 이론이 보편적인 인간욕구에 대한 이론인 것과는 다른 점이다. 또한, 종업원들의 불만족요인을 적절히 관리하여야 하고 동기 유발을 위해 직무 내용을 개선하고 향상시켜야 한다고 주장한다.

(4) 비판점

귀인오류와 같이 종업원들은 만족스러운 상황에선 자신을 칭찬하고 불만족스러운 상황에선 조직 탓을 한다는 점이다. 그리고 종업원 개인이 직무의 일부분에 불만족이 있더라도 전반적으로는 수용 가능하다는 것과 종업원 개인에 따른 만족요인과 불만족요인이 다를 수 있다는 점을 간과하였다.

이 이론을 통해 우리는 종업원에게 만족을 주는 요소와 불만족을 주는 요소가 동일하지 않다는 것을 알 수 있다. 마찬가지로 우리는 삶을 살아오면서 어떤 것은 우리에게 만족을 주지만 그러한 요소가 없다고 해서 불만이 쌓이지는 않는다는 것을 경험을 통해 알고 있다. 마찬가지로 불만을 높이는 요소가 있다고 해서 그러한 요인들이 감소하거나 배제될 경우 만족이 높아진다고 하기는 어렵다는 것을 알고 있다. 이를 기업의 직원들에게 대입해 보면 다음과 같이 설명할 수 있다.

특정 요인은 직원들에게 불만족을 증가시키는 역할을 하고, 또 다른 요인은 만족을 증가시키는 역할을 하게 된다. 물론 기업이나 개인마다 이러한 요인들이 모두 동일하지는 않겠지만, 어느 정도는 공통적인 부분들이 존재하고 있다는 것을 우리는 경험을 통해 이미 알고 있다. 단지 표현을 하지 않고 있을 뿐이다. 만족과 불만족에 영향을 미치는 요소가 서로 다르기 때문에 각각의 요소를 구분해서 관리해야 할 필요가 있으며, 이를 노무관리와 인사관리로 구분해 볼 수 있는 것이다. ―이는 필자가 처음 주장하는 내용은 아니며, 기존에 이를 주장하시는 교수님들의 것을 계승한 것이다. - 노무관리는 지원의 불만족을 없애수는 아주 강력한 수단이 될 것이며, 그중의 핵심은 바로 노동관계법을 준수하는 것이다. 법을 준수하지 않는 것만큼 불쾌한 일은 없기 때문이다.

부록

1. 임금대장
2. 근로자 명부
3. 표준근로계약서
4. 노사협의회 회의록
5. 고충사항 접수·처리대장
6. 법정의무교육 실시대장

1. 임금대장 (별지 제17호 서식)

임금대장

관리번호 :

성명	생년월일	기능 및 자격	고용연월일	종사업무	임금계산기초사항					가족수당계산기초사항		계산시간
					기본시간급	여러 가지 수당			기본임금	가족가족수	1인당 지급액	
						연장근로수당	휴일근로수당	야간근로수당				

구분 월별	근로일수	근로시간수	연장근로시간수	휴일근로시간수	야간근로시간수	기본급	가족수당	연장근로수당	휴일근로수당	야간근로수당	기본임금	현 금			부양가족수	총액	공제액	영수액	영수인
												품명	현물	수량 평가액					

2. 근로자 명부 (별지 제16호 서식)

<table>
<tr><td colspan="6" align="center">근로자 명부</td></tr>
<tr><td colspan="2">① 성명</td><td></td><td>② 생년월일</td><td colspan="2"></td></tr>
<tr><td colspan="2">③ 주소</td><td colspan="2"></td><td colspan="2">(전화 :   )</td></tr>
<tr><td colspan="2">④ 부양가족</td><td>명</td><td>⑤ 종사업무</td><td colspan="2"></td></tr>
<tr><td rowspan="4">이력</td><td>⑥ 기능 및 자격</td><td></td><td rowspan="4">퇴직</td><td>⑩ 해고일</td><td>년   월   일</td></tr>
<tr><td>⑦ 최종 학력</td><td></td><td>⑪ 퇴직일</td><td>년   월   일</td></tr>
<tr><td>⑧ 경력</td><td></td><td>⑫ 사 유</td><td></td></tr>
<tr><td>⑨ 병역</td><td></td><td>⑬ 금품청산 등</td><td></td></tr>
<tr><td colspan="2">⑭ 고용일
(계약기간)</td><td colspan="2">년   월   일
(   )</td><td>⑮ 근로계약갱신일</td><td>년   월   일</td></tr>
<tr><td colspan="6">⑯ 근로계약조건

</td></tr>
<tr><td colspan="6">⑰ 특기사항(교육, 건강, 휴직등)

</td></tr>
</table>

3. 표준근로계약서

표준근로계약서(기간의 정함이 없는 경우)

_____(이하 "사업주"라 함)과(와) _____(이하 "근로자"라 함)은 다음과 같이 근로계약을 체결한다.

1. 근로개시일 :   년   월   일부터
2. 근 무 장 소 :
3. 업무의 내용 :
4. 소정근로시간: 시 분부터   시 분까지 (휴게시간 : 시 분~ 시 분)
5. 근무일/휴일 : 매주   일(또는 매일단위)근무, 주휴일 매주   요일
6. 임 금
   - 월(일, 시간)급 :   원
   - 상여금 : 있음 (   )   원, 없음 (   )
   - 기타급여(제수당 등) : 있음 (   ), 없음 (   )
     ·   원,   원
     ·   원,   원
   - 임금지급일 : 매월(매주 또는 매일)   일(휴일의 경우는 전일 지급)
   - 지급방법 : 근로자에게 직접지급(   ), 근로자 명의 예금통장에 입금(   )
7. 연차유급휴가
   - 연차유급휴가는 근로기준법에서 정하는 바에 따라 부여함
8. 사회보험 적용여부(해당란에 체크)
   □ 고용보험 □ 산재보험 □ 국민연금 □ 건강보험
9. 근로계약서 교부
   - 사업주는 근로계약을 체결함과 동시에 본 계약서를 사본하여 근로자의 교부요구와 관계없이 근로자에게 교부함(근로기준법 제17조 이행)
10. 근로계약, 취업규칙 등의 성실한 이행의무

- 사업주와 근로자는 각자가 근로계약, 취업규칙, 단체협약을 지키고 성실하게 이행하여야 함

11. 기 타
- 이 계약에 정함이 없는 사항은 근로기준법령에 의함

년   월   일

(사업주) 사업체명 :   (전화 :   )
         주   소 :
         대 표 자 :   (서명)
(근로자) 주   소 :
         연 락 처 :
         성   명 :   (서명)

표준근로계약서(기간의 정함이 있는 경우)

_____(이하 "사업주"라 함)과(와) _____(이하 "근로자"라 함)은 다음과 같이 근로계약을 체결한다.

1. 근로계약기간 :   년 월 일부터   년 월 일까지
2. 근 무 장 소 :
3. 업무의 내용 :
4. 소정근로시간 :   시 분부터   시 분까지 (휴게시간 : 시 분~ 시 분)
5. 근무일/휴일 : 매주   일(또는 매일단위)근무, 주휴일 매주   요일
6. 임 금
   - 월(일, 시간)급 :   원
   - 상여금 : 있음 (   )   원, 없음 (   )
   - 기타급여(제수당 등) : 있음 (   ), 없음 (   )
     ·   원,   원
     ·   원,   원
   - 임금지급일 : 매월(매주 또는 매일)   일(휴일의 경우는 전일 지급)
   - 지급방법 : 근로자에게 직접지급(   ), 근로자 명의 예금통장에 입금(   )
7. 연차유급휴가
   - 연차유급휴가는 근로기준법에서 정하는 바에 따라 부여함
8. 사회보험 적용여부(해당란에 체크)
   □ 고용보험 □ 산재보험 □ 국민연금 □ 건강보험
9. 근로계약서 교부
   - 사업주는 근로계약을 체결함과 동시에 본 계약서를 사본하여 근로자의 교부요 구와 관계없이 근로자에게 교부함(근로기준법 제17조 이행)
10. 근로계약, 취업규칙 등의 성실한 이행의무
    - 사업주와 근로자는 각자가 근로계약, 취업규칙, 단체협약을 지키고 성실하게 이행하여야 함

11. 기 타
 – 이 계약에 정함이 없는 사항은 근로기준법령에 의함

년   월   일

(사업주) 사업체명 :　　　　　　　(전화 :　　　　　　)
　　　　 주　 소 :
　　　　 대 표 자 :　　　　　　　(서명)
(근로자) 주　 소 :
　　　　 연 락 처 :
　　　　 성　 명 :　　　　　　　(서명)

연소근로자(18세 미만인 자) 표준근로계약서

_____(이하 "사업주"라 함)과(와) _____(이하 "근로자"라 함)은 다음과 같이 근로계약을 체결한다.

1. 근로개시일 :   년   월   일부터
   ※ 근로계약기간을 정하는 경우에는 "   년   월   일부터   년   월   일까지" 등으로 기재
2. 근 무 장 소 :
3. 업무의 내용 :
4. 소정근로시간: 시   분부터   시   분까지 (휴게시간 : 시 분~ 시 분)
5. 근무일/휴일 : 매주   일(또는 매일단위)근무, 주휴일 매주   요일
6. 임 금
   - 월(일, 시간)급 :   원
   - 상여금 : 있음 (   )   원, 없음 (   )
   - 기타급여(제수당 등) : 있음 (   ), 없음 (   )
     ·   원,   원
     ·   원,   원
   - 임금지급일 : 매월(매주 또는 매일)   일(휴일의 경우는 전일 지급)
   - 지급방법 : 근로자에게 직접지급(   ), 근로자 명의 예금통장에 입금(   )
7. 연차유급휴가
   - 연차유급휴가는 근로기준법에서 정하는 바에 따라 부여함
8. 가족관계증명서 및 동의서
   - 가족관계기록사항에 관한 증명서 제출 여부:
   - 친권자 또는 후견인의 동의서 구비 여부 :
9. 사회보험 적용여부(해당란에 체크)
   □ 고용보험 □ 산재보험 □ 국민연금 □ 건강보험
10. 근로계약서 교부
    - 사업주는 근로계약을 체결함과 동시에 본 계약서를 사본하여 근로자의 교부요

구와 관계없이 근로자에게 교부함(근로기준법 제17조, 제67조 이행)
11. 근로계약, 취업규칙 등의 성실한 이행의무
  - 사업주와 근로자는 각자가 근로계약, 취업규칙, 단체협약을 지키고 성실하게 이행하여야 함
12. 기타
  - 13세 이상 15세 미만인 자에 대해서는 고용노동부장관으로부터 취직인허증을 교부받아야 하며, 이 계약에 정함이 없는 사항은 근로기준법령에 의함

년   월   일

(사업주) 사업체명 :   (전화 :   )
        주   소 :
        대 표 자 :   (서명)
(근로자) 주   소 :
        연 락 처 :
        성   명 :   (서명)

친권자(후견인) 동의서

○ 친권자(후견인) 인적사항
　성　명 :
　생년월일 :
　주　소 :
　연 락 처 :
　연소근로자와의 관계 :

○ 연소근로자 인적사항
　성　명 :　　　　　　　(만　　세)
　생년월일 :
　주　소 :
　연 락 처 :

○ 사업장 개요
　회 사 명 :
　회사주소 :
　대 표 자 :
　회사전화 :

　본인은 위 연소근로자 ＿＿＿＿＿가 위 사업장에서 근로를 하는 것에 대하여 동의합니다.

년　월　일

친권자(후견인)　　　　　　(인)

첨부 : 가족관계증명서 1부

건설일용근로자 표준근로계약서

_____(이하 "사업주"라 함)과(와) _____(이하 "근로자"라 함)은 다음과 같이 근로계약을 체결한다.

1. 근로계약기간: 년 월 일부터   년 월 일까지
    ※ 근로계약기간을 정하지 않는 경우에는 "근로개시일"만 기재
2. 근 무 장 소 :
3. 업무의 내용(직종) :
4. 소정근로시간: 시 분부터   시 분까지 (휴게시간 : 시 분~ 시 분)
5. 근무일/휴일 : 매주 일(또는 매일단위)근무, 주휴일 매주 요일(해당자에 한함)
    ※ 주휴일은 1주간 소정근로일을 모두 근로한 경우에 주당 1일을 유급으로 부여
6. 임 금
    - 월(일, 시간)급 :   원(해당사항에 O표)
    - 상여금 : 있음 (   )   원, 없음 (   )
    - 기타 제수당(시간외·야간·휴일근로수당 등):   원(내역별 기재)
        · 시간외 근로수당 : _____원(월   시간분)
        · 야 간 근로수당 : _____원(월   시간분)
        · 휴 일 근로수당 : _____원(월   시간분)
    - 임금지급일 : 매월(매주 또는 매일) ____ 일(휴일의 경우는 전일 지급)
    - 지급방법 : 근로자에게 직접지급(   ), 근로자 명의 예금통장에 입금(   )
7. 연차유급휴가
    - 연차유급휴가는 근로기준법에서 정하는 바에 따라 부여함
8. 사회보험 적용여부(해당란에 체크)
    □ 고용보험 □ 산재보험 □ 국민연금 □ 건강보험
9. 근로계약서 교부
    - "사업주"는 근로계약을 체결함과 동시에 본 계약서를 사본하여 "근로자"의 교부 요구와 관계없이 "근로자"에게 교부함(근로기준법 제17조 이행)
10. 근로계약, 취업규칙 등의 성실한 이행의무

- 사업주와 근로자는 각자가 근로계약, 취업규칙, 단체협약을 지키고 성실하게 이행하여야 함
11. 기 타
- 이 계약에 정함이 없는 사항은 근로기준법령에 의함

년 월 일

(사업주) 사업체명 :　　　　　　(전화 :　　　　　　　)
　　　　　주　 소 :
　　　　　대 표 자 :　　　　　　(서명)
(근로자) 주　 소 :
　　　　　연 락 처 :
　　　　　성　 명 :　　　　　　(서명)

단시간근로자 표준근로계약서

_____(이하 "사업주"라 함)과(와) _____(이하 "근로자"라 함)은 다음과 같이 근로계약을 체결한다.

1. 근로개시일 :   년 월 일부터
   ※ 근로계약기간을 정하는 경우에는 " 년 월 일부터 년 월 일까지" 등으로 기재
2. 근 무 장 소 :
3. 업무의 내용 :
4. 근로일 및 근로일별 근로시간

근로시간	( )요일	( )요일	( )요일	( )요일	( )요일	( )요일
	시간	시간	시간	시간	시간	시간
시업	시 분	시 분	시 분	시 분	시 분	시 분
종업	시 분	시 분	시 분	시 분	시 분	시 분
휴게 시간	시 분 ~ 시 분	시 분 ~ 시 분	시 분 ~ 시 분	시 분 ~ 시 분	시 분 ~ 시 분	시 분 ~ 시 분

   ○ 주휴일 : 매주   요일
5. 임 금
   - 시간(일, 월)급 :   원(해당사항에 ○표)
   - 상여금 : 있음 (   )   원, 없음 (   )
   - 기타급여(제수당 등) : 있음 :   원(내역별 기재), 없음 (   ),
   - 초과근로에 대한 가산임금률: %
   ※ 단시간근로자와 사용자 사이에 근로하기로 정한 시간을 초과하여 근로하면 법정 근로시간 내라도 통상임금의 100분의 50%이상의 가산임금 지급('14.9.19. 시행)
   - 임금지급일 : 매월(매주 또는 매일)   일(휴일의 경우는 전일 지급)
   - 지급방법 : 근로자에게 직접지급(   ), 근로자 명의 예금통장에 입금(   )
6. 연차유급휴가: 통상근로자의 근로시간에 비례하여 연차유급휴가 부여
7. 사회보험 적용여부(해당란에 체크)
   □ 고용보험 □ 산재보험 □ 국민연금 □ 건강보험

8. 근로계약서 교부
 - "사업주"는 근로계약을 체결함과 동시에 본 계약서를 사본하여 "근로자"의 교부 요구와 관계없이 "근로자"에게 교부함(근로기준법 제17조 이행)
9. 근로계약, 취업규칙 등의 성실한 이행의무
 - 사업주와 근로자는 각자가 근로계약, 취업규칙, 단체협약을 지키고 성실하게 이행하여야 함
10. 기 타
 - 이 계약에 정함이 없는 사항은 근로기준법령에 의함

년   월   일

(사업주) 사업체명 :   (전화 :   )
        주   소 :
        대 표 자 :   (서명)
(근로자) 주   소 :
        연 락 처 :
        성   명 :   (서명)

단시간근로자의 경우 "근로일 및 근로일별 근로시간"을 반드시 기재하여야 합니다. 다양한 사례가 있을 수 있어, 몇 가지 유형을 예시하오니 참고하시기 바랍니다.

○ **(예시①)** 주5일, 일 6시간(근로일별 근로시간 같음)
　– 근로일 : 주 5일, 근로시간 : 매일 6시간
　– 시업 시각 : 09시 00분, 종업 시각: 16시 00분
　– 휴게 시간 : 12시 00분부터 13시 00분까지
　– 주휴일 : 일요일

○ **(예시②)** 주 2일, 일 4시간(근로일별 근로시간 같음)
　– 근로일 : 주 2일(토, 일요일), 근로시간 : 매일 4시간
　– 시업 시각 : 20시 00분, 종업 시각: 24시 30분
　– 휴게 시간 : 22시 00분부터 22시 30분까지
　– 주휴일 : 해당 없음

○ **(예시③)** 주 5일, 근로일별 근로시간이 다름

	월요일	화요일	수요일	목요일	금요일
근로시간	6시간	3시간	6시간	3시간	6시간
시업	09시 00분	09시 00분	09시 00분	09시 00분	09시 00분
종업	16시 00분	12시 00분	16시 00분	12시 00분	16시 00분
휴게 시간	12시 00분 ~ 13시 00분	–	12시 00분 ~ 13시 00분	–	12시 00분 ~ 13시 00분

　– 주휴일 : 일요일

○ **(예시④)** 주 3일, 근로일별 근로시간이 다름

	월요일	화요일	수요일	목요일	금요일
근로시간	4시간	–	6시간	–	5시간
시업	14시 00분	–	10시 00분	–	14시 00분
종업	18시 30분	–	17시 00분	–	20시 00분
휴게시간	16:00~16:30	–	13시 00분 ~ 14시 00분	–	18시 00분 ~ 19시 00분

– 주휴일 : 일요일

※ 기간제 · 단시간근로자 주요 근로조건 서면 명시 의무 위반 적발 시 과태료 (인당 **500만원** 이하) 즉시 부과에 유의('**14.8.1.**부터)

■ 외국인근로자의 고용 등에 관한 법률 시행규칙 [별지 제6호서식] 〈개정 2019. 0. 00.〉

표준근로계약서
Standard Labor Contract

(앞쪽)

아래 당사자는 다음과 같이 근로계약을 체결하고 이를 성실히 이행할 것을 약정한다.
The following parties to the contract agree to fully comply with the terms of the contract stated hereinafter.

사용자 Employer	업체명 Name of the enterprise		전화번호 Phone number	
	소재지 Location of the enterprise			
	성명 Name of the employer		사업자등록번호(주민등록번호) Identification number	
근로자 Employee	성명 Name of the employee		생년월일 Birthdate	
	본국주소 Address(Home Country)			
1. 근로계약기간	- 신규 또는 재입국자: ( ) 개월 - 사업장변경자: 년 월 일 ~ 년 월 일 * 수습기간: [ ]활용(입국일부터 [ ]1개월 [ ]2개월 [ ]3개월 [ ]개월) [ ]미활용 ※ 신규 또는 재입국자의 근로계약기간은 입국일부터 기산함(다만,「외국인근로자의 고용 등에 관한 법률」제18조의4제1항에 따라 재입국(성실재입국)한 경우는 입국하여 근로를 시작한 날부터 기산함).			
1. Term of labor contract	- Newcomers or Re-entering employee: ( ) month(s) - Employee who changed workplace: from (YY/MM/DD) to (YY/MM/DD) * Probation period: [ ] Included (for [ ] 1 month [ ] 2 months [ ] 3 months from entry date - or specify other: _____), [ ] Not included ※ The employment term for newcomers and re-entering employees will begin on their date of arrival in Korea, while the employment of those who re-entered through the committed workers' system will commence on their first day of work as stipulated in Article 18-4 (1) of Act on Foreign Workers' Employment, etc.			
2. 근로장소	※ 근로자를 이 계약서에서 정한 장소 외에서 근로하게 해서는 안 됨.			
2. Place of employment	※ The undersigned employee is not allowed to work apart from the contract enterprise.			
3. 업무내용	- 업종: - 사업내용: - 직무내용: (외국인근로자가 사업장에서 수행할 구체적인 업무를 반드시 기재)			
3. Description of work	- Industry: - Business description: - Job description: (Detailed duties and responsibilities of the employee must be stated)			

4. 근로시간	시 분 ~ 시 분 - 1일 평균 시간외 근로시간: 시간 　(사업장 사정에 따라 변동 가능: 시간 이내) - 교대제 ([ ]2조2교대, [ ]3조3교대, [ ]4조3교대, [ ]기타)	※ 가사사용인, 개인간 병인의 경우에는 기재를 생략할 수 있음.
4. Working hours	from ( ) to ( ) - average daily over time: hours 　(changeable depending on the condition of a company): up to hours) - shift system ([ ]2groups 2shifts, [ ]3groups 3shifts, [ ]4groups 3shifts, [ ]etc.)	※ An employer of workers in domestic help, nursing can omit the working hours.
5. 휴게시간	1일 분	※ 가사사용인, 개인간 병인의 경우에는 기재를 생략할 수 있음.
5. Recess hours	( ) minutes per day	
6. 휴일	[ ]일요일 [ ]공휴일([ ]유급 [ ]무급) [ ]매주 토요일 [ ]격주 토요일, [ ]기타( )	
6. Holidays	[ ]Sunday [ ]Legal holiday([ ]Paid [ ]Unpaid) [ ]Every saturday [ ]Every other Saturday [ ]etc.( )	

210mm×297mm[백상지(80g/㎡) 또는 중질지(80g/㎡)]

(뒤쪽)

7. 임금	1) 월 통상임금 (　　)원 　- 기본급[(월, 시간, 일, 주급] (　　)원 　- 고정적 수당: (　수당 :　　원), (　수당:　　원) 　- 상여금 (　　원) 　* 수습기간 중 임금 (　　)원, 수습시작일부터 3개월 이내 근무기간 (　　)원 2) 연장, 야간, 휴일근로에 대해서는 통상임금의 50%를 가산하여 수당 지급(상시근로자 4인 이하 사업장에는 해당되지 않음)	
7. Payment	1) Monthly Normal wages (　　)won 　- Basic pay[(Monthly, hourly, daily, weekly) wage] (　　)won 　- Fixed benefits: (　fixed benefits :　　)won, (　fixed benefits :　　)won 　- Bonus: (　　)won 　* Wage during probation period: (　　)won, but for up to the first 3 months of probation period: (　　) won 2) Overtime, night shift or holiday will be paid 50% more than the employee's regular rate of pay(not applied to business with 4 or less employees).	
8. 임금지급일	매월 (　)일 또는 매주 (　)요일. 다만, 임금 지급일이 공휴일인 경우에는 전날에 지급함.	
8. Payment date	Every (　)th day of the month or every (　) day of the week. If the payment date falls on a holiday, the paymenvery week.t will be made on the day before the holiday.	
9. 지급방법	[ ]직접 지급, [ ]통장 입금 ※ 사용자는 근로자 명의로 된 예금통장 및 도장을 관리해서는 안 됨.	
9. Payment methods	[ ]In person, [ ]By direct deposit transfer into the employee's account ※ The employer will not retain the bank book and the seal of the employee.	
10. 숙식제공	1) 숙박시설 제공 　- 숙박시설 제공 여부: [ ]제공　[ ]미제공 　　제공 시, 숙박시설의 유형([ ]주택, [ ]고시원, [ ]오피스텔, [ ]숙박시설(여관, 호스텔, 펜션 등), 　　[ ]컨테이너, [ ]조립식 패널, [ ]사업장 건물, 기타 주택형태 시설(　　) 　- 숙박시설 제공 시 근로자 부담금액: 매월　　원 2) 식사 제공 　- 식사 제공 여부: 제공([ ]조식, [ ]중식, [ ]석식)　[ ]미제공 　- 식사 제공 시 근로자 부담금액: 매월　　원 ※ 근로자의 비용 부담 수준은 사용자와 근로자 간 협의(신규 또는 재입국자의 경우 입국 이후)에 따라 별도로 결정.	

10. Accommo -dations and Meals	1) Provision of accommodation — Provision of accommodation: [ ]Provided, [ ]Not provided (If provided, type of accommodations: [ ]Detached houses, [ ]Goshiwans, [ ]Studio flats, [ ]Lodging facility (such as a motel, hostel, pension hotel, etc.), [ ]Container boxes [ ]SIP panel constructions, [ ]Rooms within the business building — or specify other housing or boarding facilities _____.) — Cost of accommodation paid by employee: _____ won/month 2) Provision of meals — Provision of meals: [ ]Provided([ ]breakfast, [ ]lunch, [ ]dinner), [ ] Not provided — Cost of meals paid by employee: _____ won/month	
	※ The amount of costs paid by employee, will be determined by mutual consultation between the employer and employee (Newcomers and re-entering employees will consult with their employers after arrival in Korea.)	

11. 사용자와 근로자는 각자가 근로계약, 취업규칙, 단체협약을 지키고 성실하게 이행하여야 한다.

11. Both employees and employers shall comply with collective agreements, rules of employment, and terms of labor contracts and be obliged to fulfill them in good faith.

12. 이 계약에서 정하지 않은 사항은 「근로기준법」에서 정하는 바에 따른다.
    ※ 가사서비스업 및 개인간병인에 종사하는 외국인근로자의 경우 근로시간, 휴일·휴가, 그 밖에 모든 근로조건에 대해 사용자와 자유롭게 계약을 체결하는 것이 가능합니다.

12. Other matters not regulated in this contract will follow provisions of the Labor Standards Act.
    ※ The terms and conditions of the labor contract for employees in domestic help and nursing can be freely decided through the agreement between an employer and an employee.

년   월   일
_____ (YY/MM/DD)

사용자: (서명 또는 인)
Employer: (signature)

근로자: (서명 또는 인)
Employee: (signature)

■ 외국인근로자의 고용 등에 관한 법률 시행규칙 [별지 제6호의2서식] 〈개정 2019. 0. 00.〉

표준근로계약서(농업 · 축산업 · 어업 분야)
Standard Labor Contract(For Agriculture, Livestock and Fishery Sectors)

(앞쪽)

아래 당사자는 다음과 같이 근로계약을 체결하고 이를 성실히 이행할 것을 약정한다.
The following parties to the contract agree to fully comply with the terms of the contract stated hereinafter.

사용자 Employer	업체명 Name of the enterprise	전화번호 Phone number
	소재지 Location of the enterprise	
	성명 Name of the employer	사업자등록번호(주민등록번호) Identification number
근로자 Employee	성명 Name of the employee	생년월일 Birthdate
	본국 주소 Address(Home Country)	
1. 근로계약기간	— 신규 또는 재입국자: ( ) 개월 — 사업장변경자: 년 월 일 ~ 년 월 일 * 수습기간: [ ]활용(입국일부터 [ ]1개월 [ ]2개월 [ ]3개월 [ ]개월), [ ]미활용 ※ 신규 또는 재입국자의 근로계약기간은 입국일부터 기산함(다만,「외국인근로자의 고용 등에 관한 법률」제18조의4제1항에 따라 재입국(성실재입국)한 경우는 입국하여 근로를 시작한 날부터 기산함).	
1. Term of Labor contract	— Newcomers or Re-entering employee: ( ) month(s) — Employee who changed workplace: from (YY/MM/DD) to (YY/MM/DD) * Probation period: [ ]Included (for [ ]1 month [ ]2 months [ ]3 months from entry date – or specify other: ____), [ ]Not included. ※ The employment term for newcomers and re-entering employees will begin on their date of arrival in Korea, while the employment of those who re-entered through the committed workers' system will commence on their first day of work as stipulated in Article 18-4 (1) of Act on Foreign Workers' Employment, etc.	
2. 근로장소	※ 근로자를 이 계약서에서 정한 장소 외에서 근로하게 해서는 안 됨.	
2. Place of employment	※ The undersigned employee is not allowed to work apart from the contract enterprise.	
3. 업무내용	— 업종: — 사업내용: — 직무내용: ※ 외국인근로자가 사업장에서 실제 수행하게 될 구체적인 업무를 반드시 상세하게 기재합니다 (예시, 딸기 재배, 돼지사육 및 축사관리, 어로작업 및 굴양식 등)	
3. Description of work	— Industry: — Business description: — Job description: ※ Detailed duties and responsibilities of the employee must be stated. (e.g. strawberry growing, pig care and barn management, fishing and oyster farming, etc.)	

4. 근로시간	- 시 분 ~ 시 분 - 월 ( )시간 ※ 농번기, 농한기(어업의 경우 성어기, 휴어기), 계절·기상 요인에 따라 ( )시간 내에서 변경 가능	* 「근로기준법」 제63조에 따른 농림, 축산, 양잠, 수산 사업의 경우 같은 법에 따른 근로시간, 휴게, 휴일에 관한 규정은 적용받지 않음.
4. Working hours	- Regular working hours: from to - ( ) hours/month	
	※ Daily working hours are changeable up to ( ) hours depending on seasonal work availability and climate changes for the agriculture and fisheries industry (e.g. peak and off-seasons)	* In pursuant to the Article 63 of the Labor Standards Act, working hours, recess hours, off-days are not applied to agriculture, forestry, livestock breeding, silk-raising farming and marine product businesses.
5. 휴게시간	1일 ( )회, ( )시간 ( )분	
5. Recess hours	( ) times for a total of ( ) hour(s) ( ) minute(s) per day	
6. 휴일	[ ]주1회, [ ]월1회, [ ]월2회, [ ]월3회, [ ]기타 ( ) ※ 휴일은 정기적으로 부여하는 것을 원칙으로 하되, 당사자가 협의하여 날짜를 조정할 수 있음. 농번기(성어기) : [ ]주1회, [ ]월1회, [ ]월2회, [ ]월3회, [ ]기타 ( )	
6. Holidays	[ ] 1 time/week, [ ] 1 time/month, [ ] 2 times/month, [ ] 3 times/month [ ] etc. ( ) ※ Holidays should be given on a regular basis, the employer and employee can change the date through consultation. Peak seasons : [ ] 1 time/week, [ ] 1 time/month, [ ] 2 times/month, [ ] 3 times/month, [ ] etc. ( )	

210mm×297mm[백상지(80g/㎡) 또는 중질지(80g/㎡)]

7. 임금	1) [ ]시간급, [ ]일급, [ ]월급: 원 2) 상여금 및 수당: [ ]지급(상여금: 원, 수당: 원), [ ]미지급 　* 수습기간 중 임금 ( )원, 수습시작일부터 3개월 이내 근무기간 ( )원 　* 근로시간에서 정한 시간을 넘는 연장근로에 대해 시간당 ( )원을 지급함. 　※ 야간근로(당일 22:00~다음날 06:00)에 대해서는 통상임금의 50%를 가산임금으로 지급해야 함(상시근로자 4인 이하 사업장에는 해당되지 않음).
7. Payment	1) Wage: won / ([ ]Hour /[ ]Day /[ ]Month) 2) Bonus or extra pay: [ ]Paid, [ ]Unpaid 　　If paid, (bonus: won, extra pay: won) 　* Wage during probation period: ( )won, but for up to the first 3 months of probation period: ( ) won 　* The employee will be paid at the overtime rate of ( ) won/hour. 　※ A Night shift (from 10PM to 6AM on the next day) will be paid 50% more than the employee's regular rate of pay (This is not applicable to businesses with 4 or less employees).
8. 임금 지급일	매월 ( )일 또는 매주 ( )요일. 다만, 임금 지급일이 공휴일인 경우에는 전날에 지급함.
8. Payment date	Every ( )th day of the month or every ( ) day) of the week. If the payment day falls on a holiday, the payment will be made one day before the holiday.
9. 지급방법	[ ]직접 지급, [ ]통장 입금 ※ 사용자는 근로자 명의로 된 예금통장 및 도장을 관리해서는 안 됨.
9. Payment methods	[ ] In person, [ ] By direct deposit transfer into the employee's account ※ The employer will not retain the bank book and the seal of the employee.
10. 숙식제공	1) 숙박시설 제공 － 숙박시설 제공 여부: [ ]제공 [ ]미제공 　제공 시, 숙박시설의 유형([ ]주택, [ ]고시원, [ ]오피스텔, [ ]숙박시설(여관, 호스텔, 펜션 등), [ ]컨테이너, [ ]조립식 패널, [ ]사업장 건물, 기타 주택형태 시설( ) － 숙박시설 제공 시 근로자 부담금액: 매월 원 2) 식사 제공 － 식사 제공 여부: 제공([ ]조식, [ ]중식, [ ]석식), [ ]미제공 － 식사 제공 시 근로자 부담금액: 매월 원 ※ 근로자의 비용 부담 수준은 사용자와 근로자 간 협의(신규 또는 재입국자의 경우 입국 이후)에 따라 별도로 결정.

10. Accommo-dations and Meals	1) Provision of accommodation – Provision of accommodation: [ ]Provided, [ ]Not provided (If provided, accommodation types: [ ]Detached houses, [ ]Goshiwans, [ ]Studio flats, [ ]Lodging facility (such as a motel, hostel, pension hotel, etc.), [ ]Container boxes [ ]SIP panel constructions, [ ]Rooms within the business building – or specify other housing or boarding facilities _____.) – Cost of accommodation paid by employee: won/month 2) Provision of meals – Provision of meals: [ ]Provided([ ]breakfast, [ ]lunch, [ ]dinner), [ ] Not provided – Cost of meals paid by employee: won/month
	※ The amount of costs paid by employee, will be determined by mutual consultation between the employer and employee (Newcomers and re-entering employees will consult with their employers after arrival in Korea).

11. 사용자와 근로자는 각자가 근로계약, 취업규칙, 단체협약을 지키고 성실하게 이행하여야 한다.

11. Both employees and employers shall comply with collective agreements, rules of employment, and terms of labor contracts and be obliged to fulfill them in good faith.

12. 이 계약에서 정하지 않은 사항은「근로기준법」에서 정하는 바에 따른다.

12. Other matters not regulated in this contract will follow provisions of the Labor Standards Act.

년   월   일
_____ (YY/MM/DD)

사용자: (서명 또는 인)
Employer: (signature)

근로자: (서명 또는 인)
Employee: (signature)

4. 노사협의회 회의록
(근로자참여 및 협력증진에 관한 법률 시행규칙 별지 제3호 서식)

제 차 (정기 · 임시) 노사협의회 회의록	
회의일시	
회의장소	
협의사항	
보고사항	
의결사항	
의결된 사항 및 그 이행에 관한 사항	
그 밖의 참고사항 및 전분기 의결된 사항의 이행 상황	

5. 고충사항 접수 · 처리대장
(근로자참여 및 협력증진에 관한 법률 시행규칙 별지 제4호 서식)

고충사항 접수 · 처리대장						
접수번호	접수일자	고충처리 요청인		고충내용	처리결과	회신일자	고충처리위원
		성명	소속부서				

6. 법정의무교육 실시대장

(　　　　　　) 교육 실시대장 〈20　년〉

교육일자	20 . . . (요일)		교육시간	: ~ : (분)			
교육종류			교육강사	(자격구분)　　(성명)			
교육장소			교육방법				
교육 대상(작업)							
〈교육 내용 및 교육 교재명(자료명)〉							
〈교육 참석자 확인 서명〉							
연번	부서명	성명	본인서명	연번	부서명	성명	본인서명

20 . . .

작성자 : (회사명)
　　　　　(부서/직위)
　　　　　(성명)　　　　　　　　　　　(서명 / 인)

첨부서류 : 1. 교육자료 2. 교육장면 사진(별도보관) 3. 교육실시 계획문서